LES PRÉAMBULES

DES

ORDONNANCES ROYALES

ET L'OPINION PUBLIQUE.

INTRODUCTION

Les préambules des ordonnances et des autres actes de l'autorité souveraine contiennent des enseignements précieux pour l'histoire et pour la philosophie de l'histoire. Ils nous font connaître les rapports que les princes entretenaient avec la nation, le souci qu'ils avaient de l'opinion publique, ainsi que les raisons, les doctrines et les sentiments par lesquels ils croyaient devoir motiver et justifier leurs décisions.

Sans doute, il faut faire quelques réserves sur la valeur historique et philosophique des textes des préambules ; il faut rechercher, selon les époques, si l'inspiration qui les a dictés est traditionnelle ou personnelle; il faut savoir si le rédacteur a exprimé sa pensée ou celle de l'auteur, s'il s'est livré à quelque amplification de rhétorique ou s'il a seulement reproduit des formules antérieures (1). Mais ces réserves établies, l'ensemble et le détail de ces textes projettent d'assez vives clartés, non seulement sur quelques faits historiques,

(1) Giry, *Manuel de diplomatique*, 1894, p. 343.

mais sur l'état d'âme et d'esprit des souverains et des peuples.

De prime abord, il semble exister une contradiction entre les faits et les doctrines, entre les raisons données aux sujets et le principe du droit divin et du pouvoir absolu qui s'affirme, surtout depuis Louis XIII, dans les formules ordinaires. Depuis le XIVe siècle, le prince termine la plupart de ses actes royaux par ces mots : « car tel est notre plaisir » (1) ; il parlera de sa « certaine science, de sa pleine puissance et autorité » ; mais il croira toujours devoir rendre compte des motifs qui le font agir ; il ne se regarde pas comme si absolu qu'il n'ait qu'à manifester sa volonté pour la faire accepter ; et depuis les origines de notre monarchie jusqu'à la Révolution de 1789, le souverain ne manquera pas de faire connaître à tous ses sujets les raisons de justice et d'utilité sur lesquelles s'appuient ses ordonnances.

Ces raisons ne sont pas toujours sincères ; parfois, pour parvenir au but qu'elles se proposent, elles dénaturent l'expression des faits et des doctrines ; elles tendent à persuader plutôt qu'à éclairer ; elles sont des plaidoyers ou des réquisitoires ; mais telles qu'elles sont formulées, elles montrent que le souverain représentant l'État voulait se concilier l'opinion avant d'exiger l'obéissance, et qu'il traitait ses sujets non comme des esclaves ou des enfants, mais comme des hommes capables d'entendre le langage du raisonnement. Elles attestent aussi, pour l'honneur de l'humanité, que la plupart des théories et des actes du pouvoir souverain cherchent à s'appuyer sur des principes supérieurs, particulièrement sur ceux de la justice et du bien public.

(1) « *Quoniam sic fieri volumus*, car ainsi nous plaît et le voulons être fait... ainsi nous plaît être fait... Or tel est notre plaisir ». Le « bon plaisir » ne se trouve pas dans les actes émanant de l'initiative souveraine (Giry, p. 769) ; il ne fut usité que sous l'Empire et la Restauration. Le mot plaisir, de *placitum*, signifiait volonté, vouloir. Voir sur ce sujet deux articles de MM. de Mas Latrie et Demante, dans la *Bibliothèque de l'École des Chartes*, 1881, p. 560, 1893, p. 86 à 96.

Les principes du droit et de l'intérêt commun sont invoqués dans tous les temps, avec plus ou moins de force; ils forment comme une sorte de pivot moral, sur lequel tournent en se modifiant les idées et les institutions. Sans doute, les grands princes mettent dans la rédaction de leurs préambules l'empreinte de leur génie; mais des formules analogues, non moins élevées, non moins nobles, se rencontrent dans les édits des princes les plus médiocres. Tant il est vrai que l'institution est supérieure aux hommes et que l'État, une fois constitué, se continue avec ses traditions, ses doctrines et son style de gouvernement, dont les chancelleries gardent le dépôt à travers les siècles.

Ce style porte le reflet de la littérature contemporaine, de la grandeur intellectuelle et morale du siècle. Assez courts dans les siècles barbares, les préambules sont fermes et nobles dans les grands siècles, prolixes et parfois chargés de citations dans les siècles de transition. « Au temps de saint Louis, les actes royaux, dit M. Giry, ont une clarté élégante, une logique et une appropriation de termes qui n'ont jamais été dépassées. » Il y a plus d'ampleur et de noblesse au temps de Louis XIV, plus de rhétorique et d'argumentation sous ses successeurs; tantôt fiers et majestueux, tantôt insinuants et souples, les princes tendront toujours, par des moyens différents, à persuader aux peuples que les lois qu'ils édictent sont utiles, avantageuses et nécessaires; ils cherchent à démontrer à tous que leurs actes ont pour but la gloire ou le profit de la nation.

On mène les hommes par les mots comme par les idées, pourvu que les mots soient en rapport avec l'état d'âme et d'opinion de la majorité de la nation; on les gouverne par les sentiments et par les intérêts, en s'adressant à leur imagination ou à leur raison. Le langage des souverains parle au sentiment en faisant appel à la religion, à l'honneur, à l'affection; il promet l'ordre et la paix intérieure en s'efforçant de faire régner les lois supérieures de la justice, tandis qu'il justifie par des motifs tirés de l'intérêt des peuples les mesures qu'il prend pour assurer leur prospérité matérielle et l'accroissement de leur bien-être.

I

L'OPINION ET LES CONSEILS.

Avant d'étudier les doctrines et les raisonnements que formulaient les rois pour se concilier l'opinion, il importe de savoir comment ils s'en inspiraient. Si dans tous les temps, l'opinion entoure le pouvoir comme d'une sorte d'atmosphère qu'il respire sans s'en douter, elle se manifeste aussi à ses organes par des procédés plus ou moins directs, mais tangibles.

La puissance souveraine, tout absolue qu'elle se proclame, est limitée par la force des choses. Le roi ne peut tout connaître par lui-même; il se décide sur les avis d'autrui plutôt que d'après ses propres lumières ; il doit s'entourer de conseils pour la préparation des lois, de ministres et d'agents pour les exécuter. En France particulièrement, nous le voyons, dès l'origine de la monarchie, tenir compte de l'opinion, soit par la mention de l'avis de son conseil, soit par la promulgation de la loi devant une nombreuse assemblée.

Le roi, dit Fustel de Coulanges, en parlant des premiers Mérovingiens, est entouré d'un petit groupe qui délibère avec lui, discute et lui donne son avis de toutes choses. « Ce groupe se compose d'évêques, des *domestici* royaux et de comtes. Pour préparer les ordonnances, Thierry s'adresse à de savants hommes qui connaissent les lois anciennes des différents peuples et les adaptent à l'état présent de la société. Chilpéric dit, dans un de ses préambules, qu'il a examiné avec soin les raisons d'une loi, avec ses optimates, ses antrustions et tout son peuple, *omni populo nostro* (1) ; dont il ne faut pas entendre l'intervention dans son sens absolu. Plus tard, les rois, tels que Philippe-Auguste et saint Louis, déclareront n'agir que de concert avec les grands et les barons (2). »

L'emploi du pluriel lorsque le roi parle de lui-même, indique qu'il prétend s'inspirer d'une décision collective plutôt que d'une volonté absolument personnelle. Il ne dit jamais : « je veux », mais « nous voulons, disons et déclarons... » (3). C'est un chef qui parle au nom de tous ou du moins de ses conseillers les plus autorisés pour exiger l'obéissance de tous.

Sous les Capétiens, les princes du sang figurent souvent parmi les conseillers du souverain (4). Nous trouvons même, à certaines époques, à côté du nom du roi celui de sa mère et de son épouse (5). Sous la régence de Marie de Médecis, un édit de pacification est rendu au nom de Louis XIII encore mineur, « après avoir pris l'avis de notre mère, des princes, ducs, pairs et officiers de notre couronne et autres seigneurs et notables personnes de notre conseil... »

Dans le conseil des grands on peut voir les origines du conseil d'État, qui dans le cour des siècles devint un corps fortement organisé et l'un des rouages principaux de l'État. Il était attaché à la personne du roi au point de le suivre dans

(1) Fustel de Coulanges, *Histoire des Institutions politiques de l'ancienne France, la Monarchie franque*, p. 102, 106.

(2) Vte D'Avenel, *Richelieu et la Monarchie absolue*, t. I, p. 90. — *Consilio bonorum virorum*, dit une ordonnance de 1215.

(3) *Volumus... notum facimus universis...* Ce n'est pas la même inspiration que celle qui se manifeste dans le vers célèbre de Juvénal :

Hoc volo, sic jubeo, sit pro ratione voluntas.

(4) Ord. de 1209, 1388 et 1407. L'Ord. de 1209 sur les fiefs du royaume parle des grands vassaux et de plusieurs autres grands *(plures alii magnates)*. Une autre de 1223 s'appuie de la volonté des archevêques, des évêques, des comtes, des barons et des guerriers *(militum)* du royaume.

(5) Luchaire, *Actes de Louis VII*, p. 12.

tous ses voyages, et les sièges pliants, qui étaient encore assignés à ses membres au XVIIIe siècle, rappelaient que le conseil était ambulant et devait accompagner partout la cour (1). On sait que les rois, surtout à l'époque féodale et jusqu'au commencement du XVIIe siècle, changeaient fréquemment de résidence, et qu'ils traînaient à leur suite non seulement une grande quantité de courtisans et de serviteurs, mais aussi de ministres, de secrétaires et de commis.

Tout en conservant certaines institutions germaniques, les rois empruntent aux coutumes romaines, non seulement quelques-unes des formules autoritaires de la chancellerie impériale (2), mais aussi l'organisation intérieure du *palatium*. Des référendaires ou des chanceliers, ayant sous leurs ordres des scribes et des notaires, furent préposés aux bureaux, surveillant la rédaction des édits et des diplômes, les présentant à la signature du roi, les contresignant et les scellant ensuite de l'anneau royal (3). La chancellerie, où l'on voit avec raison l'origine des secrétaires d'Etat, mais qui devait se perpétuer, d'une manière distincte, jusqu'à la fin de l'ancien régime, constitua la permanence et la continuité de l'État, non seulement par la fixité des formules, mais aussi par celle des doctrines. Le style des secrétaires royaux fut le moule dans lequel se forma l'idée, et il en fut souvent de la lettre des lois, comme de la signature des princes qui, tracée par un secrétaire dit de la main, était la même sous un roi atteignant la fin de sa carrière que sous le roi enfant qui lui succédait (4).

(1) Duc de Luynes, *Mém.*, t. XVI, p. 208.

(2) *Hoc constituimus... scribere jussimus,* (Fustel de Coulanges, p. 102).

(3) P. Viollet, *Histoire des institutions politiques et administratives de la France*, t. I., p. 236. — Glasson, *Histoire du droit et des institutions de la France*, t. I, p. 80.

(4) Jamais le nom des ministres, même les plus puissants, n'apparaît dans les préambules. Celui de Richelieu ne figure dans aucun édit, et sur 8,000 pièces émanant de son ministère qui figurent dans la collection

Comment l'opinion publique influait-elle sur l'esprit des rois ou sur la rédaction de leurs ordonnances? Comment parvenait-elle à l'oreille des princes? Sans doute, ceux-ci peuvent se déterminer par des considérations personnelles, par des avis intéressés de personnages avec lesquels il faut compter ou qui jouissent de leur faveur; mais dans la plupart des cas, surtout lorqu'il s'agit de réformer la législation ou de prendre des mesures d'administration générale et d'intérêt commun, il est nécessaire qu'ils soient renseignés par le rapport de gens compétents et sincères. Surtout lorsque le royaume eut une certaine étendue, lorsque les provinces n'étaient pas sujettes à l'intervention directe de l'autorité centrale, des enquêteurs spéciaux durent suppléer au défaut de subordination et de responsabilité des autorités locales et à l'insuffisance de leurs renseignements. De là le rôle des *missi dominici* de Charlemagne, des commissaires enquêteurs de saint Louis et de ses successeurs, des maitres des requêtes en mission du XVIe siècle, qui devinrent permanents au siècle suivant sous le nom d'intendants. Dans des cas spéciaux, des commissions étaient formées pour préparer les réformes, particulièrement celle des coutumes (1), et des enquêtes partielles avaient lieu sur différents points du territoire et sur des objets divers pour arriver à la connaissance de la vérité (2). « Nos meilleurs yeux et nos plus fortes mains, disait Henri IV, en 1589, sont en la présence et assistance de notre conseil...

Rondonneau, quelques règlements maritimes en font uniquement mention (Vte D'Avenel, t. I, p. 98).

(1) Voir Ord. de 1497 **mandant aux baillis et sénéchaux** « d'appeler les gens d'église, nobles, officiers, praticiens et autres gens de bien à ce cognoissans pour voir et visiter les coutumes ».

(2) Citons, par exemple, la commission instituée en 1663 pour examiner si les Ursulines d'Auxonne étaient vraiment possédées du démon. Composée de l'intendant, de deux docteurs de Sorbonne et d'un médecin, elle interrogea ces démons qui ne répondirent pas. (man. Cinq cents Colbert, Bibliothèque nationale, fr. 18149.)

et autres nos principaux ministres et officiers qui sont distribués dans les provinces. »

Quelquefois le texte de loi se fait l'écho des plaintes et des réclamations qui en ont déterminé la teneur. Il semble que les *clameurs* du peuple retentissent jusqu'aux oreilles des princes (1). Ceux-ci sont accessibles sans doute aux prières des individus ou des groupes d'individus. Louis VII rend des ordonnances pour satisfaire aux prières ou aux supplications de tel ou tel de ses fidèles (2). Au XVIe siècle, on mentionne souvent « la requête en instance de moult prélats et barons... la clameur multiple de gens dignes de foi... l'humble supplication « des échevins et gens de Paris, de certaines communautés religieuses et industrielles (3) », le grief, clameur et complainte de plusieurs gens d'Église, nobles, bourgeois et habitants... » On relate aussi « la grand' clameur... venue du peuple commun du royaume ». Toutes ces formules se retrouvent aux siècles suivants, et Henri III témoigne le « singulier désir qu'il a de pourvoir aux plaintes de ses sujets ». Henri IV tiendra un langage plus pathétique lorsqu'il parlera « des plaintes douloureuses et pitoyables de « ses pauvres sujets », « lesquelles montant jusques au ciel, pourraient enfin, après une longue patience, retomber justement sur les têtes qui peuvent y apporter le remède et ne le font pas, quelques commandements très exprès qu'ils aient de nous » (4).

Les trois ordres furent appelés à formuler légalement leurs doléances dans les réunions des États généraux qui eurent lieu, à des intervalles irréguliers, depuis Philippe le Bel jusqu'en 1789. Ces doléances étaient le résumé des cahiers des bailliages, qui condensaient eux-mêmes, surtout à partir du

(1) *Ex multiplici fide dignorum clamore auribus nobis insonuit* (Ord. 1311.)

(2) A. Luchaire, *Études sur les actes de Louis VII*, p. 12.

(3) *Ord. des rois de France.*

(4) Édit de 1597 contre les excès des gens de guerre.

XVIe siècle, des vœux exprimés dans chaque communauté d'habitants par l'assemblée générale des habitants, ou dans les grandes villes par les corps et les corporations entre lesquels la population était répartie. Les doléances individuelles étaient même admises, parfois même lorsqu'elles étaient anonymes (1). Mais ces manifestations authentiques de l'opinion étaient intermittentes; elles n'avaient pas toujours existé, bien qu'on puisse les considérer comme faisant suite aux assemblées populaires des Francs, des Mérovingiens, des Carlovingiens et des premiers Capétiens (2).

Ces assemblées n'étaient pas réunies pour délibérer sur les lois ni pour en proposer, mais pour les entendre ou les ratifier. Le souverain les convoquait à jour fixe ou dans des circonstances spéciales, pour leur faire connaître ses décisions et donner à ces décisions une publicité nécessaire. Il ne pouvait être question à cette époque d'affiches exposées sur tous les points du territoire. Tacite raconte que chez les Germains le roi proposait les lois au peuple réuni en assemblées générales, qui les repoussait par ses murmures ou les approuvait en agitant ses framées (3). Sous les rois francs, l'opinion se

(1) A Blois, en 1576, les plaintes peuvent être déposées dans une boîte fermée, placée à l'hôtel de ville. (G. Picot, *Histoire des États généraux*, t. II, p. 306.)

(2) Voir Langlois, *Le règne de Philippe le Hardi*, p. 288.— Luchaire, *Histoire des Institutions monarchiques de la France sous les premiers Capétiens*, t. I, p. 248, 268.

(3) Tacite, *Hist.*, IV, 15. — M. Viollet, qui cite ce passage, dit que cet usage persista chez les Lombards, les Goths, les Burgondes, les Allemands et les Francs (t. I, p. 202). La loi, disait Charles le Chauve, devint irréfragable par le consentement de la nation et la constitution du roi. (Baluze, *Capitularia regum Francorum*, t. I, p. 3.)

La Boétie dira plus tard avec raison, en termes généraux : « Le monarque ne peut demeurer monarque que par l'assentiment tacite ou exprimé des sujets qu'il gouverne. » Et Louis XIV, à une époque où il n'était plus question d'assemblées, écrivait dans ses mémoires destinés à

manifestait par le silence ou par l'acclamation; mais une communication directe s'établissait ainsi entre le peuple et le souverain, et il est probable que celui-ci cherchait à se concilier l'assentiment des hommes auxquels il s'adressait (1).

Les assemblées, qui étaient dans le génie des anciens peuples, que l'on trouve dans l'Iliade comme dans la Bible, que l'on signale à l'Agora ou au Forum, comme dans les forêts de la Germanie, étaient, chez les Francs, tantôt militaires, tantôt judiciaires ou fiscales (2). Les grands y figuraient au premier rang, et le peuple ne semblait y paraître que pour leur faire cortège (3). Les ordonnances, promulguées par le souverain devant l'assemblée, étaient envoyées par les soins de sa chancellerie aux administrateurs et aux juges des provinces et des localités, qui devaient les faire lire aux fidèles de chaque paroisse au prône ou à l'issue de la messe dominicale. Leurs textes, revêtus du seing et du sceau du prince, étaient, pour plus de sûreté, enregistrés par les cours et les tribunaux. Tous les justiciables étaient convoqués aux plaids généraux, où les règlements judiciaires étaient lus, et cet usage se conserva jusqu'au XVIIIe siècle dans les assises particulières de la Lorraine et de la Champagne. A défaut de réunions de ce genre, les décisions des autorités étaient portées à la connaissance de tous par le cri public, c'est-à-dire par la proclamation à haute voix faite aux carrefours des

son fils : « Les princes, dans tous leurs conseils, doivent avoir pour première vue d'examiner ce qui peut leur donner ou leur ôter l'applaudissement public. » (*Mémoires de Louis XIV*, éd. Dreyss, t. II, p. 230.)

(1) L'assentiment unanime de l'assemblée figure dans les capitulaires et paraît avoir été nécessaire. (Baluze, *Capitularia regum francorum*, t. I, p. 7.)

(2) P. Viollet, t. I, p. 206 à 208. — Sur les cours plénières et les plaids généraux de Charlemagne, voir Baluze, t. I, p. 6.

(3) Fustel de Coulanges, *la Monarchie franque*, ch. XVI.

villes, avec certaines formes déterminées, destinées à leur donner plus d'éclat et d'authenticité (1).

Qu'elle soit soumise à l'approbation ou simplement à l'audition d'une assemblée, la volonté royale, pour être bien comprise, s'appuie sur des motifs sérieux ou spécieux, expliquant et justifiant ses actes afin de les mieux faire accepter. Sauf dans des cas assez rares, où la raison d'État ou peut-être la difficulté d'énoncer les causes véritables ou de donner des arguments valables porte le souverain à parler vaguement de « certaines causes qui nous menacent ou qui touchent à notre service..., d'autres grandes considérations... (2), autres bonnes, justes et raisonnables raisons... » presque toujours les décrets sont précédés de considérants plus ou moins développés, semblables à des textes de jugements modernes. Qu'on n'oublie pas que le souverain a été longtemps un juge, que la justice a été chez lui confondue avec le pouvoir administratif, qu'elle n'a pas cessé d'être rendue en son nom, et que ses arrêts, pour être respectés, doivent être conformes au droit et à la raison. Dans ces exposés de motifs, respire aussi le sentiment de la responsabilité, attesté par le besoin et la coutume de soumettre au raisonnement de tous les décisions du pouvoir incarné dans un seul homme.

La coutume d'appuyer l'expression de ses volontés sur des motifs plausibles se manifeste non seulement dans les actes d'un intérêt général destinés à une grande publicité, tels que les édits, les ordonnances, les déclarations, les arrêts du conseil, mais aux lettres patentes, aux provisions, aux commissions, aux lettres de justice, de rémission et autres,

(1) Voir Berriat-Saint-Prix, *Recherches des divers modes de publication des lois depuis les Romains jusqu'à nos jours. Revue de Fœlix*, t. V, p. 5.

(2) Ord. 1388, 1538, 1542. — XVIIe s. — Voir Archives nationales, O[1] 1 et des registres de protocoles de lettres de chancellerie, Bibl. nat. man. français, 19822.

s'appliquant à des intérêts particuliers (1). Anoblit-on un roturier, accorde-t-on un pouvoir à un courtisan ou à un homme de guerre, on fera valoir le mérite ou les services du sujet d'une manière vague ou précise? Si l'on octroie un titre de noblesse à un gentilhomme, on fera au besoin sa généalogie, on énumèrera ses exploits militaires et ceux de ses ancêtres; on témoignera d'une estime particulière pour sa personne, de la satisfaction que sa conduite a causée. Il en est de même des lettres de commission conférant des charges publiques. On ne nomme pas un juge sans paraître informé de sa suffisance, capacité, prudhomie et bonne vigilance, « grand sens, loyauté, littérature (2), expérience au siège de la justice et fidélité et affection à notre service ». Il y a sans doute des formules vagues et courtoises qui s'appliquent à beaucoup de personnes sans rien spécifier, telle que cette phrase : « Sachant que nous ne pouvons faire un meilleur ni plus digne choix (3). » Mais s'il s'agit de conférer une dignité exceptionnelle, comme celle de maréchal de France ou de gouverneur de province, les raisons sur lesquelles s'appuient les lettres patentes qui la confèrent sont un véritable historique de la carrière des titulaires, souvent rédigé, comme lorsqu'il s'agit de Condé ou de Villars (4), avec une

(1) Voir pour l'énumération des différents actes de la chancellerie royale sous les Valois et les Bourbons, le *Manuel de diplomatique* de Giry, p. 775 à 785.

(2) Bibl. nationale, fr. 19822.

(3) Archives nationales, O[1] 1. — Variante : « S. M. étant bien informée de la fidélité et affection à son service, etc... » Cette formule est employée à l'égard du grand-père de Thiers, qui, présenté en troisième ligne pour les fonctions d'archivaire de Marseille, est nommé sans autres motifs. (O. Teissier, *Biographie de L. Ch. Thiers*, p. 7.)

(4) Nous avons publié le texte des lettres patentes qui les concernent dans la *Revue historique* de 1889 et dans notre étude sur *Villars, gouverneur de Provence.*

ampleur et une élévation de style qui sont en rapport avec la valeur des titres et des services rendus.

Il est rare que le souverain invoque dans ses actes des considérations personnelles. Louis XII, en assignant le duché de Berry à sa femme Jeanne de France, dont il venait de faire annuler le mariage, expliquait que ce mariage ne lui avait jamais été agréable, qu'il avait dissimulé sa pensée pendant la vie des rois, ses prédécesseurs, pour plusieurs causes et raisons, « mesmement pour cause du danger de sa personne, et qu'il avait toujours le vouloir et désir de contracter mariage ailleurs » (1).

Il est vrai que quelque temps après, en annonçant à ses peuples son mariage avec Anne de Bretagne, mariage qui devait maintenir l'union de la Bretagne à la France, Louis XII, moins naïf et mieux inspiré, alléguait que « pour le bien, fermeté et repos de son royaume, il voulait avoir lignée et postérité » et que cette décision il l'avait prise, non seulement parce que « ces choses concernaient l'estat et l'honneur de nous, mais aussi la sécurité, conservation, bien et tranquillité de nostre royaume et de tous nos sujets... » (2). Il rentrait ainsi dans la véritable tradition royale. En effet, sauf de rares exceptions où le sentiment personnel parle trop vivement, le roi fait appel à de plus hauts motifs pour justifier ses actes ; il invoque les croyances, les sentiments, et l'utilité publique plus encore que son intérêt particulier.

(1) De Maulde, *Jeanne de France*, p. 344.

(2) Lettre de Louis XII aux gens des comptes, 10 janv. 1599. (De Maulde, p. 360.) On invoque aussi des considérations morales et de sentiment. En donnant la tutelle de ses enfants à leur mère, on faisait dire à Charles VI en 1392 : « De la raison écrite et naturelle, la mère a meilleure et plus tendre amour à ses enfans et a le cœur plus doulx et plus soigneux de les garder et nourir amoureusement que quiconque autre personne. »

II

LA RELIGION.

De tous les moyens d'agir sur l'opinion des peuples, animés de la foi dans la toute-puissance divine, la religion est le plus puissant, parce qu'elle échappe à toute discussion par son caractère surnaturel. Aussi l'idée de religion se manifeste-t-elle d'ordinaire dans les plus anciennes traditions des peuples ; les premiers rois paraissent être des dieux ou des héros d'origine divine. La théocratie, le pouvoir d'institution surhumaine, semble s'imposer aux hommes. Droit et religion ne faisaient qu'un, dit Fustel de Coulanges dans *La Cité antique* (1). « La loi antique n'a jamais de considérants, affirme-t-il. Elle est, parce que les dieux l'ont faite ». Si, plus tard, l'influence théocratique s'atténue, si la doctrine de l'intérêt général tend à se substituer à celle de l'autorité divine, les influences religieuses persistent ; elles se transmettent des pontifes et des augures de la Rome païenne aux évêques de l'empire de Constantin. Les rois des peuples barbares, qui s'établissent sur les ruines de la domination romaine, tiendront à marquer leurs actes du sceau de la protection et de l'inspiration divines (2). Les uns parlent au nom de Dieu, « *in nomine Do-*

(1) p. 219, 223.

(2) Les arrêts d'Alfred le Grand.(Alfred's Dooms) débutent par le texte des dix commandements de Dieu, auxquels font suite 40 articles de lois. (*Ancient laws and institutes of England*, 1840.) Nous trouvons aussi p. 643 et 746, les formules *in nomine Dei... Christi et Salvatoris...* et dans les *Edicta regum Longobardorum*, p. 80 et 157. Dans les *Monumenta Germaniæ historiæ*, de Pertz, les noms d'Othon III d'Henri II, de Frédéric Ier, sont suivis de la mention : *Dei gratia*.

mini, in nomine Domini et trinitatis (1); les autres rappellent que c'est à Dieu qu'ils doivent leur autorité, et font suivre leur titre de roi des mots : « par la grâce, la miséricorde, la providence de Dieu. » La formule « par la grâce de Dieu », qui d'une manière définitive apparait dans les actes des Carlovingiens (2), se trouverait dans un acte de Childebert Ier.

L'hommage que le pouvoir temporel rend ainsi à la puissance surnaturelle s'accentuera à mesure que l'on avancera dans le moyen âge. Pépin le Bref semble recevoir l'investiture des mains de Dieu en se faisant le premier sacrer par un évêque; comme le vassal à l'égard du suzerain, il contracte des devoirs envers l'Église qui sanctionne ses droits. Des rois s'intitulent les ministres et les serviteurs de Dieu (3). Si le pieux Louis IX déclare, en 1228, qu'il tient son pouvoir de Dieu, Philippe de Valois dira qu'il veut « curieusement entendre au bon gouvernement de son royaume, et de l'estat d'icelui, en telle manière que ce soit à la louange de Dieu » (4). Charles VI, qui prend le premier le titre de roi très-chrétien (5), voudra avant tout « acquérir l'amour de Jésus-Christ » ; Louis XI prétend agir « à l'exemple de Notre-Seigneur Jésus-Christ, de qui, dit-il, nous tenons ce royaume » (6). Jamais prince n'usa de plus de formules religieuses que Louis XI. Ses préambules se déroulent en phrases interminables émail-

(1) Les actes de l'autorité judiciaire ecclésiastique sont aussi précédés de cette formule. La sentence de mort contre Jeanne d'Arc est prononcée « au nom de Notre-Seigneur » ; sa sentence de réhabilitation, en 1456, « en l'honneur de la Sainte-Trinité ». Il en est de même des actes diplomatiques ; l'alliance entre Charles VIII et Maximilien, en 1489, est faite « au nom et à la louange de Dieu notre Créateur et de toute la cour céleste ».

(2) Viollet, t. I, p. 272.

(3) *Ministri regni Dei... Dei servientes.* (Luchaire, t. I, p. 38.)

(4) Ord. 23 mars 1332.

(5) Noël Valois, article de la *France chrétienne devant l'histoire*, p. 324.

(6) Ord. 1464. Voir aussi ord. 1401.

lées d'exemples tirés des livres saints ; à tel point que lorsqu'il s'agit de préciser les privilèges des secrétaires du roi, on en rattache l'origine aux apôtres, aux évangélistes et par suite aux protonotaires apostoliques (1).

Cette préoccupation religieuse se retrouve dans un grand nombre des actes de l'autorité royale ; les ordonnances elles-mêmes au XVIe siècle sont qualifiées de « saintes », même lorsqu'elles concernent les eaux et forêts (2). Les duels sont interdits « comme l'œuvre du démon », en 1643. En 1402, les confrères de la Passion reçoivent des privilèges, afin que « chacun par dévotion se puisse joindre et mettre en leur compagnie » ; et lorsque l'Ordre du Saint-Esprit est institué en 1469, c'est pour que « la sainte foi catholique, l'état de l'Église et la prospérité de la chose publique soient tenus et sauvegardés. » Quand Henri IV a soumis Paris, il accorde « l'abolition des choses advenues en cette ville », pour rendre ses « actions agréables devant la sainte face de la divine Providence ».

On comprend mieux qu'obligé par le serment qu'il prêtait au sacre, le roi ait évoqué l'intervention divine pour faire respecter les prescriptions de la religion et les privilèges de ses ministres. Avant l'institution du sacre même, le roi Gontran ordonnait l'observation du dimanche, en disant : « Nous croyons apaiser l'auteur de la majesté suprême, qui régit tout sous ses lois, en sauvegardant dans notre peuple les

(1) Le langage du souverain manque parfois de franchise, et l'on est surpris de voir interdire en 1399 les pèlerinages à Rome, pour empêcher de sortir de France l'argent qu'on y avait porté à l'occasion du jubilé, en prétextant « le grand bien et avancement de l'union de notre mère la sainte Église... » C'est avec plus de sincérité que Louis XIV invoque des raisons tirées de l'économie politique, lorsqu'en 1666 il défend d'établir des maisons religieuses sans lettres patentes, « les communautés en beaucoup de lieux possédant la meilleure partie des terres et des revenus ».

(2) Ord. de 1595.

droits de la justice (1). » A maintes reprises, on sévit contre les blasphémateurs, soit parce qu'on les regarde comme les auteurs des maux du royaume, soit « pour attirer la bénédiction du ciel sur le roi et sur l'État, en faisant garder inviolablement les saints commandements (2) ». Veillant à la fois « au bien de la religion et au salut des âmes », on renouvelle plusieurs fois l'injonction donnée aux médecins d'avertir les malades en danger de mort d'avoir à se confesser (3). Un édit de Henri II sur les filles qui cachent leur grossesse ne cessa pas d'être en vigueur et d'être rappelé au prône tous les mois jusqu'à la révolution. « Cet édit, disait un préambule en 1708, regarde non l'intérêt particulier de quelques-uns de nos sujets et le nôtre même, mais le bien spirituel et temporel de notre royaume... parce qu'il tend à assurer non seulement la vie, mais le salut éternel de plusieurs enfants conçus dans le crime. » Louis XIV avait dit auparavant : « Toutes les puissances qu'il a plu à Dieu d'établir dans le monde ne doivent avoir d'autre objet que de concourir à sa gloire et à son service. » « La piété et la religion sont les plus solides fondements des états et des empires (4). »

Lorsque l'État intervient dans l'exercice de la charité, il le fait pour l'amour de Dieu. S'il secourt les orphelins pauvres de Paris, c'est, dit le roi, « pour nourrir cette charité qui vient de Dieu et non des hommes et la multiplier de plus en plus... c'est pour faire apprendre aux orphelins la loi de Dieu, bonnes mœurs et condition, afin qu'ils soient gens de bien pour l'avenir, nous et la chose publique en puissions être servis... (5). » L'éducation religieuse est regardée comme

(1) Capitul. IX.

(2) Ord. 1420, 1666.

(3) Ord. 1429, 1707, 1712.

(4) Édit de 1666. — Édit de 1697, sur la validité des mariages. — Rappelons aussi la devise de Charles IX : *Pietate et justitia*.

(5) Ord. 1541.

nécessaire pour former des hommes honnêtes et de bons citoyens. Les pauvres malades qu'on reçoit jour et nuit dans les hôpitaux sont honorés « comme les pauvres membres de Notre-Seigneur Jésus-Christ (1) », et Louis XIV a soin de le rappeler, en créant l'hôpital général de Paris, dans le but d'améliorer les mœurs des pauvres mendiants : « les considérant, dit-il, comme les membres vivants de Jésus-Christ, et non pas comme membres inutiles de l'État : et agissant, dans la conduite d'un si grand œuvre, non par ordre de police, mais par le seul motif de la charité (2) ».

L'esprit des croisades semble respirer dans la déclaration de Louis XIII, qui prescrit la formation d'une colonie au Canada : « Comme il est de la gloire de Dieu, dit-il, et du bonheur de cet État que les soins que nous prenons pour l'avancement de la religion catholique et romaine ne soient pas bornés à la seule étendue de la France, mais qu'en imitant le grand saint, duquel nous portons le sceptre et le nom, nous fassions en sorte que la renommée des Français s'étende bien loin dans les terres étrangères... ainsi que leur piété si publique pour la conversion des peuples ensevelis dans l'infidélité et la barbarie ». L'instinct expansif et civilisateur de la nation se manifeste ici par le noble désir d'étendre ses idées et de faire participer les autres peuples au bénéfice de ses croyances. Il est vrai que l'on est sous Louis XIII, qui placera en 1638 son royaume sous la protection de la Vierge, comme un témoignage de reconnaissance envers « Dieu qui élève les rois au trône de leur grandeur ».

S'il veille à l'observation des lois de l'Eglise, l'État la protège contre les hérésies qui en menacent l'existence. Longtemps la liberté de conscience est à peu près inconnue, bien qu'en 1368 elle soit accordée exceptionnellement et momentanément aux juifs. Des lettres patentes de Charles V dé-

(1) Ord. 1512.
(2) Ord. 1656.

fendent de contraindre ceux-ci d'aller à l'église : « Sachans, disent-elles, que les sacrements de sainte Église ne doivent pas être administrés par force, et aussi que nul n'y doit être contraint, si ce n'est par vraie dévotion... » L'apparition des Luthériens, en 1540, suscita les foudres royales, « de sorte que le royaume put être purgé de telles diaboliques erreurs... à l'honneur et louange de Dieu... conservation et entretenment de l'Église et au repos des sujets... » Henri II parlera de même : « A nous seul, dit-il en 1557, qui avons reçu de Dieu l'administration de la chose publique, appartient la correction de telles séditions et troubles... » L'État s'identifie à la religion établie pour la défense de ses droits. Mais dès 1559, on espère « par la grâce de Dieu, tirer plus de fruits par la voie de la miséricorde que par la rigueur des supplices... » Lorsque les guerres civiles éclatent, c'est « à cause de nos péchés », dit le roi ; et bientôt il est obligé de prendre des mesures « pour la liberté des consciences ». En 1564, l'exercice de la religion réformée n'est interdit que dans les résidences royales. En 1598, après plus de trente-cinq ans de discordes religieuses, Henri IV, pour établir « entre ses sujets une bonne et durable paix », promulgue l'Édit de Nantes ; il ne peut mieux employer le repos que donne la pacification du royaume « qu'à vacquer à ce qui peut concerner le saint nom et le service de Dieu et pourvoir à ce qu'il puisse être adoré et prié par tous ses sujets ».

Il est à remarquer que Louis XIV, en révoquant l'édit de Nantes, prétendit continuer l'œuvre de Henri IV plutôt que la détruire. Il le représente comme s'efforçant, dans cet acte, de « diminuer l'aversion qui était entre ceux de l'une et de l'autre religion, afin d'être en état de travailler pour réunir à l'Église ceux qui s'en étaient éloignés ». Lous XIII, disait-il, avait été contraint par les guerres d'ajourner le même pieux dessein ; il appartenait à Louis XIV, puisque la France jouissait en 1685 des bienfaits de la paix, de parvenir « au succès des desseins des rois, ses aïeul et père ». La meil eure et la plus grande partie de ses sujets de la religion prétendue réformée ayant embrassé la catholique,... l'exécution de l'édit de Nantes devenait inutile... et c'est pour cette raison, et pour effacer entièrement la mémoire des troubles religieux, qu'il révoquait cet édit. Louis XIV, dans toute sa puissance, se croyait obligé d'invoquer les précédents, et quoiqu'il fût assuré d'avoir l'opinion de la majorité pour lui, n'osait faire prévaloir uniquement les motifs d'unité autoritaire qui le faisaient agir (1).

Nous comprenons mieux le langage de Louis XVI, peut-être parce qu'il se rapproche davantage des idées modernes, lorsqu'il rend en 1787 aux protestants l'état civil que Louis XIV leur avait enlevé, en proscrivant « toutes ces voies de violence, qui sont aussi contraires aux principes de la raison et de l'humanité qu'au véritable esprit du christianisme... Nous ne devons plus souffrir, ajoute le préambule de l'édit, que nos lois punissent inutilement (les protestants) du malheur de leur naissance en les privant des droits que la nature ne cesse de réclamer en leur faveur. »

On sait quelle fut la politique de Louis XIV à l'égard des jansénistes. Il était dirigé, en faisant exécuter la Bulle du Pape contre les propositions de Jansénius, par le même désir de « voir tous ses sujets réunis dans une même créance dans les matières de la foi et de la religion ». Il se croyait en conséquence « obligé de veiller sur toutes les nouveautés qui pourraient troubler le repos des consciences et la paix de l'Église et de l'État » (2). L'État intervenait aussi, surtout au milieu du siècle suivant, pour imposer la loi du silence sur les

(1) Charles IX, en déclarant que le massacre de la Saint-Barthélemy avait eu lieu de son exprès commandement, proteste qu'il « n'a voulu par aucune cause contrevenir à ses édits de pacification » qu'il entend toujours observer, mais « prévenir l'exécution d'une détestable conspiration... » (28 août 1572.)

(2) Ord. de 1665.

matières religieuses, qui soulevaient d'interminables discussions. « C'est le moyen le plus capable, disait-on, de rétablir et de maintenir la tranquillité publique. » « La licence effrénée des écrits, qui tendaient à attaquer la religion », n'effrayait pas moins le pouvoir, qui n'hésitait pas à édicter la peine de mort contre les auteurs, les éditeurs et les colporteurs de ces écrits (1). Mesure illusoire, qui ne fut du reste jamais mise à exécution par un gouvernement qui dans bien des cas ne mettait pas ses actes en rapport avec ses paroles.

Les premiers rois, en se plaçant sous le patronage divin, attestaient plutôt leurs sentiments de dévotion que la théorie du droit divin. Celle-ci se fait jour à partir de saint Louis ; elle se proclame avec éclat sous Louis XIII et sous Louis XIV, déclarant que « l'indépendance de sa couronne de toute autre puissance que celle de Dieu est une vérité certaine et incontestable » ; elle s'affirme avec plus de vigueur que jamais au commencement du XVIIIe siècle, au moment même où le pouvoir royal absolu s'affaiblit. Elle ne s'atteste jamais avec tant d'orgueil que dans le préambule d'un manifeste sur les sujets de rupture entre la France et l'Espagne, publié en 1719. « Les rois, dit ce préambule, ne sont comptables de leurs démarches qu'à Dieu même, dont ils tiennent leur autorité. Engagés indispensablement à travailler au bonheur de leurs peuples, il ne le sont pas à rendre les raisons des moyens qu'ils prennent pour y réussir, et ils peuvent, au gré de leur prudence, cacher ou révéler les mystères de leur gouvernement. Mais dès qu'il importe à leur gloire et à la tranquillité de leurs peuples qui ne peut en être séparée, que les motifs de leurs résolutions soient connus, ils doivent agir à la face de l'univers et faire éclater la justice qu'ils ont consultée dans le secret (2). »

(1) Déclaration du 21 mars 1757.

(2) In-4°, 1719. Recueil Cangé, t. LXIV. — Le même langage se retrouve dans le préambule de la décision qui exile le maréchal de Vil-

Les considérants étaient encore ici en contradiction avec les prémisses, dont les termes hautains et presque insolents, que Richelieu et Louis XIV auraient à peine osé formuler, étaient, sous l'inspiration du cardinal Dubois, le résumé de toute une doctrine d'absolutisme préconisée surtout depuis un siècle.

La formule « par la grâce de Dieu » était à tel point sanctionnée par l'usage et par l'opinion qu'elle fut admise même par les réformateurs de 1789. Tandis que Mirabeau s'élevait avec force contre les affirmations autoritaires de « certaine science », de « pleine puissance » et de « bon plaisir », il ajoutait : « Mais ces mots « par la grâce de Dieu » sont un hommage à la religion, et cet hommage est dû par tous les peuples du monde ; c'est un plan religieux sans aucun danger et précieux à conserver comme point de ralliement parmi les hommes. » Il proposait, il est vrai, de compléter la formule par l'addition des mots « et par les lois constitutionnelles de l'État » ; addition à laquelle se ralliait l'archevêque d'Aix Boisgelin. Un avocat alors obscur, Robespierre, demanda que le texte des lois débutât de la sorte : « Louis, par la grâce de Dieu et la volonté de la nation, roi des Français, à tous les citoyens de l'Empire français (1) », formule qui ne fut pas adoptée, mais qui rappelait celle que Louis le Bègue avait employée (2) et qui devait se retrouver en partie dans les actes de « Napoléon III, empereur des Français, par la grâce de Dieu et la volonté nationale ».

leroi en 1722. « L'autorité royale n'est comptable qu'à Dieu seul de ses succès et de l'exécution de ses projets. Cependant les rois et les dépositaires de leur puissance veulent bien quelquefois par bonté manifester les raisons qui les font agir. » (Même Recueil.)

(1) Séance de l'Assemblée nationale du 8 octobre 1789. *Moniteur.* Napoléon Ier faisait suivre son nom des mots : Par la grâce de Dieu et les constitutions, Empereur... Sous Louis-Philippe, le titre de roi des Français n'était précédé ou suivi d'aucune formule de ce genre.

(2) *Misericordia Dei et electione populi rex...* Viollet, t. I, p. 272.

III

LA GLOIRE ET L'AMOUR.

La religion n'est pas la seule considération morale que les souverains puissent faire valoir pour conquérir et se concilier l'opinion ; ils s'adressent aussi aux sentiments plus humains, mais véritablement élevés et saisissants, de l'honneur et de la gloire.

Quoique l'autorité royale ait besoin de prestige pour se faire respecter des peuples, elle s'affirme sans jactance, à partir du XIe siècle. Tout en se qualifiant souvent du simple titre de *vir inluster*, les Mérovingiens, et surtout les Carlovingiens, avaient emprunté aux empereurs romains les formes pompeuses de Notre Sérénité, Notre Clémence ; de *rex gloriosus*, de *serenissimus imperator*, *augustus perpetuus ;* mais plus tard, le titre de *rex Francorum*, puis de roi de France, prévaut. Si au XIVe siècle on qualifie le souverain d'*altitudo*, de *majestas* (1) et de *dominus*, ce sont des expressions de respect que l'on donne également aux seigneurs. On ne fait pas suivre son nom de ces épithètes hyperboliques et pompeuses dont la servilité officielle décore les monarques de l'Orient ; le titre de roi dit tout, il suffit, et si l'on ajoute à la suite « par la grâce de Dieu », c'est plutôt un hommage rendu à une puissance supérieure que l'affirmation d'une autorité qui ne connaît point de contrôle ni de frein.

Le sentiment de l'honneur, dont Montesquieu a fait le caractère de la monarchie française, respire plutôt encore qu'il ne se formule et ne s'affirme dans le langage des souverains. Cependant Charles VI réforme la justice « pour l'hon-

(1) Giry, p. 320. Le roi est plus souvent qualifié de seigneur et d'excellence ; ce n'est qu'au XVIe siècle que le titre de majesté, d'abord pris par l'empereur, fut appliqué aux rois (Vte d'Avenel, t. I, p. 24.)

neur et le profit, dit-il, de nous et de notre peuple (1) ». Charles IX accepte le titre de protecteur de l'Académie, fondée par Baïf, parce qu'il entend « que tous les exercices qui s'y feront seront à l'honneur et accroissement de l'État ». Dans une ordonnance de 1635, prise contre des déserteurs, on dira que le seul désir d'acquérir de l'honneur, qui a paru dans l'esprit des Français, serait capable de retenir un chacun dans le devoir.

Remarquons aussi que dès le XVIIe siècle les devoirs envers la patrie sont invoqués. Dans un édit de 1669, interdisant de prendre du service à l'étranger, Louis XIV déclare que « les liens de la naissance qui attachent les sujets à leurs souverains et à leur patrie sont les plus indissolubles et les plus étroits de la société civile... L'obligation du service que chacun leur doit est profondément gravée dans le cœur des nations les moins civilisées et universellement reconnue comme le premier des devoirs et le plus indispensable. »

Le mot et le sentiment de la gloire se rencontrent plus souvent que ceux de l'honneur dans les déclarations officielles. Ils sont souvent pris dans leur acception la plus haute. Dans une ordonnance de 1340, qui conférait des privilèges à l'Université de Paris, il est dit que les rois acquièrent de la gloire en s'entourant d'hommes sages et savants. « La vraie et solide gloire du roi, dit le chancelier Olivier en 1549, est de soumettre sa Hauteur et Majesté à justice, à rectitude et à l'observation de ses ordonnances ». Louis XIV dira en 1676, lorsqu'il fondera des Académies de peinture dans les principales villes : « La splendeur et la félicité d'un État ne consistent pas seulement dans la gloire des armes, mais à faire éclater au dedans l'abondance des richesses et fleurir l'ornement des arts et des lettres ». Et le préambule d'une déclaration de Louis XVI porte que « les arts de peinture et de sculpture ont été destinés dans tous les temps, chez les peuples

(1) Ord. de 1388.

éclairés, à concourir à la gloire nationale par des monuments qui conservent la mémoire des actions vertueuses, des travaux utiles et des hommes célèbres (1) ». Quelques années auparavant, Louis XV, sanctionnant les réformes judiciaires de Maupeou, disait : « L'intérêt de nos peuples, le bien de la justice, notre gloire même, sollicitent la réforme des abus... (2) ». Heureux les peuples, si la gloire des rois et la gloire nationale avaient toujours consisté dans la culture des arts et le progrès de la justice !

Le mot de gloire s'applique, il est vrai, aussi à l'exercice de la toute-puissance comme aux succès remportés par les armes. « La puissance réunie en la personne du souverain, dit un édit de 1641, est la source de la gloire et de la grandeur des monarchies. » Au point de vue militaire, on rappelle en 1709 « les services des invalides de la marine, qui ont contribué à la défense de l'État, à la gloire et au bien de la nation ». En 1662, Louis XIV avait tenu un langage plus royal encore dans une déclaration où il maintient les franchises de Dunkerque : « Quoique la qualité de conquérant ait toujours été prise pour le plus noble et le plus élevé des titres des rois, l'amour paternel que nous avons pour nos sujets a prévalu sur notre propre gloire ; nous lui avons donné des bornes qu'elle ne pouvait recevoir que de nous-même ».

Superbe langage, où respire le sentiment d'un pouvoir qui ne trouve de limites que dans sa conscience, où l'on retrouve le grand style du grand siècle, mais dont l'élévation même n'est pas exempte d'habileté. Il est en effet d'une habileté qui ne manque pas de noblesse, de faire un honneur de ce qui est un devoir ; de parer le service du roi et de la patrie du prestige de la gloire, et de donner une sorte d'auréole au sacrifice accompli dans l'intérêt public. Mais il est d'une habileté supérieure encore de rendre le devoir attrayant, en fai-

(1) Édits de 1676 et 1777.
(2) Edit de 1770.

sant naître des sentiments d'attachement et même d'amour entre le chef et les membres de l'État, entre le roi et le peuple, entre ceux qui commandent et ceux qui obéissent.

Aux époques barbares, les souverains recourent à la menace plutôt qu'au sentiment. Les Mérovingiens parlent de crever les yeux ou d'abattre la tête à ceux qui voudraient résister à leurs lois (1). Encore les quatre premiers Capétiens se servent de formules comminatoires ; mais à partir de Louis le Gros, et surtout de Louis VII, elles tombent en désuétude (2). L'autorité se croit assez reconnue de tous, assez sûre d'elle-même pour ne pas invoquer en sa faveur l'intervention de la force.

Quoiqu'Aristote ait parlé des liens d'amitié qui unissent le chef aux sujets (3), les souverains, dans leurs rapports avec leurs administrés, ne se sont prévalus que tardivement des sentiments d'attachement qui pouvaient exister entre eux. C'est seulement au XIVe siècle que nous voyons un prince déclarer qu'il veut garder ses sujets de tout grief et oppressions, en considération « de la bonne obéissance et parfait amour qu'ils ont pour lui et sa couronne (4) ». Sous ce rapport, les tuteurs du jeune Charles VI parlent comme Charles le Sage. Ils renchériront même sur la « grant et parfaite amour des Français pour leur roi ». Bientôt l'on professera que cet amour est réciproque (5) ; et François Ier déclarera qu' « entre les rois de France et leurs sujets y a toujours eu plus grande conglutination, lien et conjonction

(1) Fustel de Coulanges, *La Monarchie franque*, p. 123.

(2) Luchaire, *Actes de Louis VII*, p. 15.

(3) *Morale*, tr. Barthélemy-Saint Hilaire, t. III, p. 387, ch. III et VIII.

(4) Ord. de 1379.

(5) Discours du chancelier à l'ouverture des États généraux de 1484. (Isambert.) — Aristote disait qu'il ne pouvait y avoir réciprocité d'affection entre le chef et le sujet. Le chef doit être aimé ; il n'a pas à aimer, ou du moins il doit aimer d'une autre façon. (*Morale*, t. III, p. 387.)

de vraye amour, naïve dévotion, cordiale concorde et intime affection qu'en quelconque autre monarchie ou nation chrétienne... (1) ».

Ces protestations d'attachement se retrouvent sous les règnes suivants, en s'accentuant de la part des souverains. Lorsqu'Henri III convoque les États généraux en 1576, c'est pour faire sentir à ses peuples les fruits de « sa » perpétuelle amour et bienveillance envers eux. En 1588, il affirmera de même « l'amour et l'affection paternelle » qu'il leur porte (2). On conçoit que Henri IV, en convoquant l'assemblée des notables en 1596, parle de son violent amour pour ses sujets; qu'en signant des ordonnances d'amnistie, il se soit déclaré « ému de l'amour extrême » qu'il a pour ses sujets et de sa compassion pour leurs misères, dont il se préoccupe plus que de son intérêt propre (3). Louis XIII, en prenant des mesures pour assurer la régence du royaume, tiendra un langage analogue, plus accentué même encore. « Les choses, dit-il, que nous avons faites pendant notre régne, n'ont que trop bien fait connaitre l'amour que nous avons eu pour la conservation de nos peuples et les soins que nous avons pris pour leur assurer dans nos travaux une félicité parfaite ». Et il ajoute que les précautions qu'il prend pour l'avenir « sont les preuves les plus certaines de sa tendresse envers eux ».

Louis XIV, Louis XV et Louis XVI parleront de même de leur amour pour leurs sujets. Louis XIV dit en 1667: « L'amour paternel que nous avons pour nos sujets nous fait

(1) *Anc. lois françaises*, t. XII, p. 217. — Quand François Ier part pour l'Italie en 1515, il confie son royaume à « un personnage... qui ait parfaicte amour à nous et à notre royaume ».

(2) En 1584, il ne voulait « rien délaisser... de ce qu'un bon prince, père et amateur de son peuple peut faire pour son soulagement.

(3) Édition de 1596, à l'occasion de la réduction du duc de Mayenne.

porter nos soins partout (1) ». En inaugurant son gouvernement, n'avait-il pas fait écrire : « Sa Majesté connaissant qu'elle ne peut donner des marques plus grandes de son amour pour ses peuples que de prendre elle-même le soin de l'administration de ses finances ». Louis XVI alléguera presque les mêmes motifs en 1783 en créant un comité des finances auprès de sa personne. On s'explique mieux qu'ils soient invoqués pour remédier aux abus de la justice (2), pour mettre un terme aux désordres de l'administration et des finances, comme pour chercher à « conserver ou augmenter l'aisance des peuples » (3).

Quelquefois, « l'amour, la tendresse », l'affection que le roi a apportés en naissant aux intérêts d'une nation, au gouvernement de laquelle la divine Providence l'a appelé », servent de prétexte ou de palliatif à des mesures dictées par des raisons de nécessité financière ou de convenance personnelle. En 1759, pendant la guerre de Sept ans, Louis XV se voit dans l'obligation de reviser les pensions. « L'amour que nous portons à nos sujets, continue-t-il, nous aurait fait rechercher les moyens de concilier les mouvements de notre tendresse avec l'obligation où nous sommes de maintenir les droits, la sécurité et la gloire de notre couronne. » En 1771, le même roi constitue l'apanage du comté de Provence, le futur Louis XVIII; sa « tendresse pour ce prince lui aurait fait désirer de lui donner des marques plus éclatantes de sa libéralité ; « mais, dit-il, notre affection pour nos fidèles sujets nous a fait un devoir d'y prescrire des bornes, et notre cœur paternel n'a pu qu'être attendri de le voir partager les sentiments que nous ne cessons d'avoir pour eux » (4).

Si les rois parlaient de leur amour pour leurs sujets, ils

(1) Édit de 1667 sur les biens communaux. — Voir aussi l'Ord. de 1648 sur le fait de justice.

(2) Ord. 1648.

(3) Déclaration de février 1776, sur la libre circulation des grains.

(4) Édit d'avril 1771.

savaient faire appel à « l'amour et au zèle » que ceux-ci leur portaient (1). Les sentiments du peuple pour son roi se manifestèrent surtout au XVIIIe siècle, en faisant décerner à Louis XV le surnom de « bien-aimé », qu'il ne justifiait pas à tous égards, mais qui était un indice de l'état de l'opinion envers la personne du souverain. Dès 1652, l'anglais Evelyn écrivait : « Les Français sont la seule nation d'Europe qui idolâtre leur souverain ; ils ont sans grande cérémonie plus d'accès auprès de lui qu'on ne le voit en aucune autre cour de l'Europe. Cette affabilité et cette liberté lui gagnent tous les cœurs (2). » Cent ans plus tard, Moore disait : « Le mot roi excite dans l'esprit des Français des idées de bienfaisance, de reconnaissance et d'amour, en même temps que celles de pouvoir, de grandeur et de félicité (3). » Et plus tard, le maréchal de Raguse apportait un témoignage semblable : « Le mot de roi, écrivait-il dans ses mémoires (4), avait alors une magie et une puissance que rien n'avait altéré dans les cœurs droits et purs. Vivant sous l'influence d'une éducation qui transmettait l'amour pour ses souverains comme l'apanage des Français, cet amour devenait un espèce de culte. »

Les sentiments d'amour exprimés dans les préambules n'étaient donc pas simplement une formule de style, ni une pure inspiration de la politique. Ils avaient aussi leurs racines dans les meilleurs instincts de l'espèce humaine. Cette affection réciproque, qui reposait sur la subordination du sujet au chef, ressemblait aux rapports que la nature des choses

(1) Déclaration demandant un don gratuit aux villes. 1758.

(2) Extraits d'Evelyn, à la suite du *Voyage* de Lister, p. 309. L'abbé de Choisy dit, dans ses mémoires, que les familiarités royales n'étaient plus de mode, que sous Louis XIV on les craignait au lieu de les aimer ; et cependant il rapporte qu'à la naissance du duc de Bourgogne, le roi « se faisait embrasser à qui voulait ».

(3) T. II, p. 32.

(4) *Mémoires du duc de Raguse*, t. I, p. 25.

établit entre le père et les enfants (1) ; aussi le plus beau titre qu'on pouvait décerner à un roi était celui de « père du peuple », que les États de 1506 donnaient à Louis XII. Les souverains regardent leur peuple comme faisant partie de leur famille ; et Louis XVI, résumant la doctrine, déclarait en 1776 que « le roi est le père commun de tous ceux que la Providence a soumis à son empire ; ils doivent être tous les objets de sa vigilance et de ses soins paternels (2) ».

De ce sentiment élevé de l'amour paternel dérive le désir d'assurer le bonheur des peuples. Jamais ce désir ne se formula avec autant de force que sous Louis XVI. « Chargés par la divine Providence, dit-il en 1776, de veiller sans cesse au bonheur des peuples qu'elle nous a confiés, nous devons porter notre attention sur tout ce qui concourt à la félicité publique. » Il parlera ailleurs de « sa justice et de sa bonté pour ses peuples » ; il leur donnera « des preuves de son amour paternel », en faisant distribuer dans les provinces des boîtes de médicaments ; et dans les lits de justice où il déployera la puissance royale dans toute son étendue, c'est le bonheur des peuples qu'il invoquera pour justifier les mesures qu'il compose, et c'est ce même bonheur qu'alléguera l'organe autorisé du Parlement pour protester contre les volontés royales (3). Mais dès la même année, ce langage officiel laisse percer le ressentiment de l'ingratitude de quelques-uns des sujets du roi à l'égard des « témoignages d'affection » et des « vues bienfaisantes » qu'il leur avait manifestés (4). Malgré les

(1) Chez les premiers rois francs, le pouvoir du roi porte le même nom que celui du père : *mundium* ou *mundeburdium*. (Viollet, t. I, p. 218.)

(2) Discours du garde des sceaux, le 12 mars 1776.

(3) Discours de l'avocat général Séguier, contre la suppression des jurandes. 12 mars 1776.

(4) Ord. sept. 1776, contre les contrebandiers. En 1788, au préambule de sa belle ordonnance sur la réforme de la procédure criminelle, Louis XVI parle des biens que peut opérer son amour pour ses peuples.

efforts qu'il fait à cette époque pour se concilier l'opinion, le pouvoir sent qu'elle lui échappe et redouble d'arguments et de protestations pour la retenir.

Jamais on ne parla davantage de l'amour réciproque du roi et de son peuple qu'au début de la Révolution. Lorsque Louis XVI se fut laissé conduire à Paris, le 17 juillet 1789, le président de l'assemblée des électeurs de Paris lui dit : « Le trône des rois n'est jamais plus solide que lorsqu'il a pour base l'amour et la fidélité du peuple. » Lally-Tollendal dit, en parlant du roi : « Il a voulu placer sa puissance et sa grandeur dans notre amour, n'être obéi que par l'amour... n'être gardé que par l'amour... » et Louis XVI de répondre : « Mon peuple peut toujours compter sur mon amour ! (1) »

IV

LA JUSTICE.

La religion, la gloire, l'amour, ne suffisent pas toujours pour attirer et retenir les âmes. D'autres moyens sont souvent nécessaires pour conduire les hommes ; il faut s'adresser à leurs instincts et à leurs besoins ; il faut leur persuader que le pouvoir auquel ils obéissent a surtout en vue leur intérêt et l'utilité publique et qu'il est seul capable de les sauvegarder.

« L'amitié ou affection civile, dit Aristote (2), repose sur l'intérêt, en vue duquel elle s'est surtout formée... La plus puissante de toutes les amitiés, dit-il aussi, est l'amitié par intérêt. » Si l'utilité est la raison d'être et le but de toutes les institutions sociales et politiques, il faut remarquer cependant qu'elle ne consiste pas seulement dans la satisfaction à don-

(1) *Moniteur* du 29 juillet 1789.
(2) Aristote, t. VII, *Morale*, p. 413.

ner aux besoins matériels, mais dans l'ordre et la paix intérieure que doit assurer la justice.

Sans remonter jusqu'aux anciens Égyptiens, chez qui régnait « la notion de la justice divine dans l'autre vie et de la justice royale dans celle-ci (1) », on peut dire que la pratique de la justice a été regardée comme la première condition de l'autorité suprême dans les nations chrétiennes. Saint Grégoire écrivait aux rois Théodebert et Thierry que le souverain bien chez les rois était la pratique de la justice. La loi des Burgondes parle de l'amour de la justice, par laquelle les pouvoirs terrestres se maintiennent (2). Comme Clotaire, Hugues Capet proclamera que sa mission est de rendre justice à tous et par tous les moyens. « Les rois, dit-il, ne sont institués que pour examiner avec sagacité les droits de chacun, retrancher tout ce qui est nuisible et propager tout ce qui est bon. » Charles VII professera que « les royaumes, sans bon ordre de justice, ne peuvent avoir durée ni fermeté aucune ». Louis XII dira de même : « Justice est la première et plus digne des vertus cardinales » ; et il rendra à son prédécesseur ce témoignage : « Ce royaume, par la grâce de Dieu, a été de tout temps mieux régi et mieux gouverné que toute autre monarchie en justice (3) ».

Les définitions de la justice se répercutent d'âge en âge, dans le langage officiel, comme d'écho en écho. C'est la justice « qui fait régner les rois en leur royaume, autrement ne

(1) D'Arbois de Jubainville, *Cours de littérature celtique*, t. VII, p. 9. — « Toutes les constitutions politiques, dit Aristote, ne sont que des formes de la justice. Un État est une association, et une association ne se maintient que par la justice. » (*Morale*, liv. VII, ch. IX.)

(2) Pertz, *Monumenta Germaniæ legum*, t. III, p. 326.

(3) Ord. 1453, 1498. Louis XII veut lui-même donner audience à ses sujets, comme saint Louis, les fêtes et dimanches à l'heure de la messe. Louis XIV fixe un jour par semaine où tous ceux qui ont des demandes ou des plaintes à lui faire sont admis dans son cabinet. (*Mémoires de Louis XIV*, t. II, p. 226.)

serait que confusion »; c'est « le plus solide fondement de la durée des États, en ce qu'elle assure le repos des familles et le bonheur des peuples »; c'est « la fonction la plus auguste de la puissance souveraine, et la plus importante pour le bonheur et la tranquillité des sujets (1) ». Et sous l'influence des idées humanitaires préconisées par Turgot, le garde des sceaux, parlant au nom de Louis XVI, dit en 1776 : « La justice est la véritable bonté des rois (2) ».

Il ne suffit pas de proclamer les mérites et les bienfaits de la justice ; il faut s'efforcer de la rendre plus digne de l'idéal qu'on s'en est formé ; il faut la protéger contre la violence ou la faiblesse de ceux qui l'exercent, non moins que contre l'action de ceux qui peuvent la dominer, l'entraver ou la corrompre. Pour y parvenir, de nombreuses ordonnances furent promulguées, surtout depuis que la royauté eut fait prévaloir sa juridiction sur celles de la féodalité affaiblie. Elle procède d'abord par réformes locales, comme sous Louis le Gros, qui modifie de « mauvaises coutumes » à Bourges ; comme sous Louis le Jeune, qui « abat » des coutumes à Orléans parce qu'elles « n'étaient pas profitables à la ville (3) ». Elle aura de plus hautes visées sous saint Louis, lorsqu'il publie ses Établissements, « pour que le peuple qui est au-dessous nous puisse vivre loyalement et en pés, et que li uns se garde de forfaire à l'autre »; et Charles VII dira en 1462, en créant un parlement à Bordeaux : « La sollicitude des rois doit surtout se montrer en faisant régner dans leur royaume la justice, la plus éclatante des vertus, afin qu'elle remédie aux vexations, aux maux et à la peine des

(1) Ord. 1539, 1667, 1756.

(2) Les rois ont été élus pour faire justice, dit le chancelier de L'Hôpital aux États généraux de 1560. Dans le sceau de France, ajoute-t-il, n'est gravée la figure du roi armé et à cheval, mais séant en son trône royal, mandant et faisant justice. (G. Picot, *Hist. des États généraux*, t. II, p. 33.)

(3) Ord. 1118, 1168.

sujets, afin que la république (*respublica*) soit maintenue, par la faveur du ciel, dans la douceur et l'aménité de la paix ».

Au XVIe siècle, le langage officiel s'inspire des plus hautes maximes des philosophies antiques. Parlant au nom du roi dans un lit de justice, le chancelier Olivier rappelle que Platon a dit que « la République est heureuse en laquelle le prince est obéi d'un chacun et lui obéit à la loi ». Il cite aussi Cicéron, disant : « C'est une grande honte quand en une République les uns sont grièvement punis et les autres, pour un même fait, ne le sont pas seulement ».

Depuis que l'exercice de la justice avait été délégué par les princes et les barons à des juges spéciaux, la justice était devenue moins arbitraire et plus savante, mais en même temps moins prompte et plus coûteuse. Aussi ne cesse-t-on de prendre des mesures pour remédier à ses abus, en diminuant « l'effrénée multitude » de ceux qui sont chargés de la rendre et d'en exécuter les décisions, en veillant à leur instruction (1), en cherchant à diminuer les formes et la longueur des procès, en mettant les tribunaux à la portée des justiciables. Toutes ces ordonnances sont prises dans l'intérêt du plus grand nombre; François Ier veut abréger en Bretagne les procès « demeurés indéfinis et comme immortels, au grand déshonneur et esclandre de la justice, foulle, oppression... pertes et dommages de nos sujets (2) ». En 1452, on avait rendu aux juges ordinaires certaines des attributions des élus, parce que ceux-ci « tenaient leurs sièges si loin... que les pauvres laboureurs et autres gens » étaient obligés « de faire grands dépens et perdre plusieurs journées pour aller comparoir devant eux ». Lorsqu'en 1552, Henri II établit les présidiaux, c'est dans l'intérêt de ses sujets, qui

(1) Règlement pour les écoles de droit, 1700.

(2) Les procès sont « immortels », même au grand conseil. Ord. 1539. Voir aussi Ord. de 1510.

« consument leurs meilleurs ans, avec leurs biens, facultés et substances, à la poursuite d'un procès sans en pouvoir voir la fin... en chose si serve et si illibérale que cette occupation (1) ».

Le désir de rendre la loi écrite plus conforme à la loi naturelle et à l'humanité respire dans le texte de plusieurs ordonnances, surtout au XVIIIe siècle. A l'imitation des empereurs romains, qui, « écoutant la voix de la nature et les conseils de l'humanité, avaient adouci la rigueur de l'ancienne loi civile », Louis XV, promulguant en 1729 un édit sur les successions, déclare que son but est d'arriver à « cette parfaite uniformité de jurisprudence qui est aussi honorable au législateur qu'avantageuse à ses sujets ». Déjà en 1540, François Ier avait voulu établir un aunage uniforme dans tout le royaume, pour corriger « fraudes, fautes et malversations », faire garder « équité, foy et loyauté, obvier et extirper tous procès... »

En attendant l'uniformité des lois, l'État cherche à tenir la balance de la justice égale entre les puissants et les faibles. Sous un régime démocratique, il doit préserver de l'oppression de la majorité la partie la moins nombreuse de la population ; sous un régime aristocratique, ce sont les plus nombreux qui sont les plus faibles, et c'est en leur faveur qu'il doit intervenir. De là, la sollicitude que témoignent certains souverains aux classes inférieures ; elle est la raison d'être de leur autorité et la source la plus haute de leur popularité. Charle-

(1) Louis XV, en établissant les conseils supérieurs en 1771, dit : « Nous avons reconnu que la vénalité des offices, introduite par le malheur des temps, était un véritable obstacle au choix de nos officiers et éloignait souvent de la magistrature ceux qui en étaient les plus dignes par leur talent et leur mérite ; que nous devions à nos sujets une justice prompte, pure et gratuite... » Le préambule de l'ordonnance criminelle de 1788 contient aussi l'exposé de raisons pleines de sagesse, où se fait sentir l'influence des doctrines nouvelles, qui allaient triompher sous la Révolution.

magne proclame maintes fois dans ses Capitulaires « que les veuves, que les orphelins, que tous ceux qui sont faibles vivent en paix sous notre défense, et qu'on respecte leurs droits » ! Il défend aux comtes de contraindre les hommes libres au travail, aux grands propriétaires d'exercer des violences sur les petits (1). Les rois chrétiens de Jérusalem prêtent serment de « garder... l'église, les veuves et les orphelins » dans tous leurs droits (2). Combien de fois est-il question dans les préambules de défendre le « pauvre peuple » contre les charges, la « foule » et les exactions qu'il subit ; d'accorder une protection spéciale à ceux à qui la faiblesse de leur âge la rend encore plus nécessaire, et « surtout... à cette classe d'hommes qui n'ont de propriété que leur travail et leur industrie (3) » ! Louis XIV, en établissant les Grands jours d'Auvergne, a pour but de sauvegarder les intérêts des « personnes faibles et misérables, qui ne trouvent aucun secours dans l'autorité de la justice ». Lorsqu'il prend en main les intérêts des communautés villageoises contre les abus d'autorité et d'influence des seigneurs et des officiers, il affirme qu'il n'a « rien davantage à cœur que de garantir les faibles de l'oppression des plus puissants et faire trouver aux plus nécessiteux du soulagement dans leurs misères (4) ».

Jamais cette sollicitude ne s'était exprimée avec plus de force que dans un édit de François Ier, ordonnant « de courir sus aux aventuriers, pillards et mangeurs de peuple ». Dieu l'a appelé à protéger « tous les estats du royaume », dit-il, spécialement « l'état commun populaire, qui est le plus faible, le plus humble et le plus bas, et le moins congnoissant de tous les autres états, et par ce plus aisé à fouler,

(1) Fustel de Coulanges, *Origines du régime féodal*, *Revue des Deux-Mondes*, 1874, t. IV, p. 573. Voir aussi Capitulaires de 797.

(2) Michelet, *Origines du droit français*, p. 122.

(3) Édits 1743, 1776.

(4) Édit d'avril 1667.

opprimer et offenser, et naturellement et raisonnablement a plus besoin que tous autres de bonne garde, support et défence... »; il mérite d'autant mieux cet appui, « le commun peuple de France, qu'il a toujours été doux, humble et gracieux en toutes choses ». Et François Ier ajoute : « Le vrai moyen par lequel les rois peuvent et doivent conserver, perpétuer et augmenter l'amour qui existe entre eux et leurs peuples, consiste en justice et en paix ; en justice, la faisant rendre et administrer pure, bonne, égale et brève, sans aucune acception de personne... ; en paix dehors et dedans le royaume ; sur toute chose en la paix intrinsèque, faire vivre le bonhomme sous l'aile et protection de son roi, manger son pain et vivre sur le sien en repos, sans être vexé, battu, pillé, tourmenté ni molesté sans propos, qui est le plus grand heur, contentement et trésor qu'un roi puisse acquérir à son peuple, et par lequel le peuple se rend plus enclin à la bénévolence et obéissance de son prince (1) ».

Faire régner la paix entre les hommes par la justice, c'est une des premières missions de l'État. « L'objet principal de la politique, disait Aristote, paraît être de créer l'affection et l'amitié entre les membres de la cité. » Aussi l'État intervient-il comme pacificateur et comme arbitre dans les querelles féodales et civiles. « Du debvoir de la royale puissance, écrit saint Louis, nous voulons moult de cuer la pais et le repos de nos sougés... et si avons moult grant indignation en contre ceux qui injures leur font et qui ont envie de leur pais et tranquillité (2). » Que d'ordonnances ont été rendues aux temps de troubles et de guerres, pour faire régner la paix et le repos public dans le royaume, pour procurer la paix, la tranquillité, le profit et la sécurité des sujets, et sur-

(1) Édit de 1523.

(2) Réformation des mœurs dans le Languedoc, 1254. En 1275, on tâche de pourvoir à la tranquillité des sujets : *subjectorum quieti providere*.

tout dans le but de les tenir en bonne, vraie paix et amour et tranquillité... et plus simplement « en vraye paix et tranquillité (1) ». Un règlement sur le droit de guet sera publié en 1479 « pour faire vivre les sujets en paix et union les uns avec les autres, et obvier qu'entre les grands et les petits se esmeuvent et continuent telles rancunes ».

C'est dans ce but qu'il est défendu, en 1361, aux nobles de se faire la guerre; qu'à maintes reprises on interdit le port d'armes, et même, en 1539, celui des masques ; qu'on prescrit, en 1626, le rasement de plusieurs places fortes et châteaux de l'intérieur, « afin, dit-on, de maintenir les provinces en grande tranquillité » ; qu'après avoir interdit les tournois (2), on proscrit les duels par des édits souvent réitérés.

V

L'UTILITÉ PUBLIQUE

La doctrine de l'utilité publique, en vue de laquelle sont prises toutes ces dispositions, se précise surtout lorsque l'unité monarchique tend à se substituer au particularisme féodal. En 1190, Philippe-Auguste proclame que « le devoir royal consiste à pourvoir de toutes les manières aux intérêts publics, et à mettre l'utilité publique avant la sienne (3) ». Cette doctrine apparaît surtout au XIIIe siècle, dans le livre de Beaumanoir, dans les décrets des canonistes comme dans les préambules des Établissements royaux (4). Le « commun

(1) Ord. 1313, 1325, 1361, 1374, 1382, etc.

(2) Ord. 1405 « ...Attendus des haynes, débas et controverses qui pour occasion de ce seraient en voye de se mouvoir entre eux. » On les avait interdits déjà en 1314, « considerant la grant destruction et mortalité de chevaux, et aucunes fois de personnes ».

(3) Il le répète dans son testament : *Suæ utilitati privatæ publicam anteferre.*

(4) Langlois, p. 287.

profit du royaume », l'utilité des sujets, *pro communi omnium utilitate* (1215), *pro bono communi et utilitate publica*, le profit de nous et du commun et de notre peuple, « l'évident profit et utilité de nos sujets », reviennent maintes fois dans les considérants des lois (1). Dès la fin du XIVe siècle, où l'influence du droit romain est devenue prépondérante, le mot de *respublica*, de la chose publique (2), est souvent employé. Au XVIe siècle, il est question du bien de la chose publique, de l'intérêt de nous et de la chose publique, de « la chose publique du royaume (3) »; on va, en 1549, jusqu'à prescrire la réforme des habits, parce que les gentilshommes dissipent leurs biens au lieu de l'employer au service du roi et de la « chose publique ».

L'utilité publique s'applique à tout ; elle peut servir à justifier les mesures les plus sages comme les plus violentes; elle peut être invoquée comme le salut public, et motiver l'exécution ou la suspension des lois ; elle sert d'argument pour la sauvegarde des intérêts moraux comme des intérêts matériels. De là chez les gouvernements la tendance à s'ingérer dans des questions qui pourraient leur rester étrangères, à étendre leur patronage et leur tutelle sur des domaines où devrait dominer l'initiative individuelle, familiale ou collective. Ce patronage (4) n'en est pas moins légitime lorsqu'il s'exerce à défaut des autres et en faveur des faibles. La protection de l'agriculture et du commerce inspire un grand nombre d'ordonnances, et cette protection, qui surtout au XVIIe siècle devient abusive, se justifie fréquemment

(1) Ord. 1306, 1353, 1360, 1378, 1414, etc.

(2) Ord. de 1388, 1392, 1415. L'office des rois est de bien gouverner et administrer sagement toute la chose publique (1392). Les mots *humanam republicam regendam* se trouvent dans une charte royale de 1068.

(3) Ord. 1513, 1521, 1529, 1555, 1365.

(4) Sur le patronage royal, voir l'introduction de M. Th. Funck Brentano au *Traité d'économie politique* de Montchrestien.

par le désir de protéger le travail des hommes appartenant aux classes inférieures, et de favoriser le développement de la richesse et de l'aisance.

« La force et la richesse des princes, disait Henri IV, consistent en l'opulence et le nombre de leurs sujets. Et le plus grand et légitime gain des peuples procède principalement du labour et culture de la terre (1). » C'est pourquoi, depuis longtemps, les rois avaient protégé le laboureur, le bonhomme, non seulement contre les violences des gens de guerre et les excès du fisc, mais contre des vexations dommageables et les poursuites de ses créanciers. Dès 1305, Philippe le Bel interdit de « prendre bestes de charrue ou de labourage, même pour lui ». Les édits prescrivant l'insaisissabilité des bestiaux furent renouvelés à diverses reprises pour « favoriser, comme le dit Charles IX en 1571, soulager, maintenir et conserver nos pauvres sujets, spécialement ceux qui cultivent la terre... les maintenir en telle franchise et liberté, que nul leur créditeur ou autre, pour quelque occasion que ce soit, les puisse exécuter en leurs personnes ou meubles servant au fait du labourage ». L'abolition de la corvée par Turgot fut plus tard motivée par le désir de « protéger l'agriculture, qui est la véritable base de l'abondance et de la prospérité publique ». Mais lorsque l'État défend, en 1539, de se servir de bois de chêne pour les échalas des vignes, ne semble-t-il pas outrepasser ses droits, même lorsqu'il appuie sa décision sur son désir de régler et de mesurer selon la raison « toutes choses, tant grandes que petites, concernant le bien des sujets » ? Il justifiait mieux, en 1782, l'exemption de l'impôt du vingtième sur les futaies, en alléguant l'utilité d'en favoriser la conservation, « afin de multiplier les bois nécessaires, tant pour le service de la marine que pour les autres constructions ».

Si l'on interdit la chasse aux roturiers et aux paysans, on

(1) Ord. de 1598, sur le défrichement des marais.

n'avoue pas toujours qu'on le fait pour la réserver au roi et aux gentilshommes, mais on invoque « le bien de la chose publique ». Les roturiers, dit-on en 1395, en 1431, en 1515 et 1550, perdraient à la chasse le temps qu'ils devraient employer au labourage et aux arts mécaniques, au grand détriment et diminution du bien de la chose publique. En 1463, nous voyons en revanche le droit de chasse octroyé aux habitants du Dauphiné, pour que « les nobles ne soient pas oiseux », et pour faire payer aux non nobles une rente annuelle et spéciale. La pêche est aussi réglementée en 1326, pour empêcher la dépopulation des rivières, « laquelle tourne au grand dommage, tant des riches comme pauvres gens et de nous, et de notre droit royal, à qui appartient curer et penser du bon estat et profit commun du royaume ».

Les mesures prises pour réglementer ou rendre libre le commerce des blés sont inspirées, avec plus de raison encore, par le souci de l'intérêt public. Ces mesures étaient d'ordinaire réclamées par l'opinion, et en les décrétant, l'État se préoccupait, selon les circonstances, des besoins des producteurs ou de ceux des consommateurs. On ne saurait nier qu'il ait agi avec le désir désintéressé de soulager les peuples, soit en permettant ou en proscrivant l'entrée des blés étrangers, soit en poursuivant les accapareurs, soit en s'efforçant de remédier à l'enchérissement des denrées par des approvisionnements ou des achats destinés à être portés sur les marchés ; et cependant, il n'est pas de mesures qui aient donné lieu à plus d'attaques, et l'odieuse et ridicule légende du pacte de famine contribua à détacher de la Monarchie l'opinion publique et à la ranger du côté de la Révolution. Les rois étaient restés fidèles néanmoins à leur politique séculaire ; à diverses reprises ils avaient proscrit les accaparements de blés faits par avarice ou cupidité. « A cause de quoi, disait François Ier en 1531, le blé s'est enchéri grandement, et le peuple en a eu grande faute, à notre grand regret et déplaisir ». Louis XIV, se déclarant, en 1693, « informé que la rareté et la cherté des blés provient moins de la disette que de l'artifice des marchands », prend des mesures « pour le bien et soulagement de ses sujets, particulièrement des pauvres ».

Les décisions les plus contraires se justifient par des raisons également plausibles : si l'on interdit l'exportation des blés, c'est « pour maintenir l'abondance dans le royaume et faire subsister avec plus de facilité les troupes dans le quartier d'hiver (1) » ; si Henri II permet la libre circulation des grains, c'est « parce qu'il a toujours été connu par commune expérience que le principal moyen de faire les peuples aisés, riches et opulens, a été et est la liberté du trafic qu'ils font avec les voisins et les étrangers (2) ». Colbert agira de même pour que « l'abondance des récoltes puisse être utile et avantageuse aux cultivateurs ». Plus tard, sous l'influence des doctrines des physiocrates, la liberté de sortir et d'entrer des grains fut plus que jamais proclamée, « comme propre à animer et à étendre la culture des terres... à écarter le monopole... à entretenir entre les nations la communication d'échanger du superflu contre le nécessaire... enfin pour assurer le bonheur des peuples (3) ». Même si l'on se croit obligé d'empêcher l'exportation, un avis du Conseil de 1722 dira que cette mesure est provisoire, « jusqu'à ce que Sa Majesté ait pris des mesures définitives pour concilier la liberté du commerce avec la sûreté de la subsistance publique ».

Ce ne fut pas la dernière fois que le principe de la liberté du commerce des grains dut céder devant la nécessité des faits et les réclamations de l'opinion. Loménie de Brienne constatait en 1787 qu'il avait fallu à diverses reprises la suspendre depuis dix ans ; mais il ajoutait qu'elle devait être désormais regardée comme la règle normale dans le royaume,

(1) Clément, *Hist. de Colbert*, t. II, p. 57.

(2) Édit de 1557, permettant l'exportation des grains.

(3) Édit de 1764.

parce qu'elle était seule conforme aux principes de la justice. « Il n'est pas rare, proclamait-il, que les vérités politiques aient besoin du temps et de la discussion pour acquérir une sorte de maturité ; ce n'est qu'insensiblement que les préjugés s'affaiblissent, que les fausses lumières se dissipent et que l'intérêt public, comme inséparable de la vérité, finit par prévaloir et subjuguer tous les esprits (1) ».

C'étaient là des illusions que l'avenir devait démentir. Il est plus facile de proclamer des principes que de les appliquer, tout en les faisant de plus en plus accepter par l'opinion. Le commerce des objets fabriqués, comme celui des blés, devait être l'objet de la sollicitude de la Monarchie, qui tantôt le protégeait par la réglementation et les privilèges, tantôt en favorisait l'accroissement en proclamant la liberté des transactions. Le moyen âge reconnait que « le fait de marchandises est nécessaire pour le bien des sujets (2) » ; pour Louis XIV, « le commerce est la source féconde qui apporte l'abondance dans les États (3) ». Selon les plaintes des intéressés, selon les circonstances, on élargissait ou on rétrécissait les mailles au milieu desquelles le travail agissait. En 1572, on suivait l'exemple des rois qui, « grandement amateurs du bien, profit et utilité de leurs sujets », avaient interdit le commerce aux étrangers, pour que les sujets pussent profiter et s'enrichir de la commodité, fertilité et abondance du royaume.

Si l'on avait prohibé en 1538 l'importation des draps étrangers, c'était pour « le bien et augmentation de la chose

(1) Décl. du 17 juin 1787.

(2) Ord. de 1430, autorisant des péages sur la Loire.

(3) Ord. de 1669. A cette époque, on fait souvent l'éloge du commerce, d'une manière quelque peu banale, quand on dit par exemple que c'est le moyen le plus propre pour concilier les différentes nations et les entretenir... dans une bonne et mutuelle correspondance. Voir aussi l'édit d'août 1669, permettant aux nobles de faire le commerce sur mer sans déroger.

publique, et la conservation des sujets en leurs privilèges, franchises et libertés ». Mais lorsqu'on abaissait, en 1597, les barrières des frontières, on invoquait un principe supérieur, en rappelant que « le royaume avait, entre toutes les monarchies, été estimé grand et célèbre pour la liberté que les rois avaient donnée, non seulement à tous les sujets, mais à tous les étrangers, d'y habiter en sûreté et faire trafic et commerce ».

La protection de l'industrie s'exerce non moins par la réglementation que par les privilèges qui sont donnés aux corps de métiers, et parfois même aux individus, qui introduisent une fabrication nouvelle et créent des manufactures. A partir du xve siècle, l'État se substitue aux municipalités pour homologuer les statuts des corporations. On dissimule le but fiscal, qui inspire le plus souvent l'ingérence de l'État dans leur rédaction, en alléguant « la nécessité d'établir l'ordre et la discipline parmi les marchands, artisans et ouvriers (1) ». La discipline, comme le dit plus tard un édit de 1702, paraît « nécessaire pour conduire les arts à leur perfection et faire fleurir le commerce ».

Les privilèges accordés aux villes, aux corporations et aux individus sont toujours justifiés par des raisons plus ou moins solides ou spécieuses. Si l'on en octroie en 1554 aux drapiers d'or et d'argent de Lyon, c'est pour « empêcher la sortie des deniers du royaume, planter et communiquer entre les sujets un nouvel art de manufacture ». Établit-on une verrerie de cristal à Melun en 1597, on rappellera le « bien, le profit et l'utilité qui est parvenu à tous les royaumes et républiques par le moyen des arts et sciences, seul fondement de leurs richesses et embellissements (2) ». Il serait

(1) Édit de 1691.

(2) Pour favoriser l'industrie, on réduit de moitié, en 1716, la durée des deuils de cour et de famille ; « Sa Majesté étant informée qu'une des principales causes de l'interruption du commerce et de la cessation des manufactures vient de la trop longue durée des deuils qui se succèdent souvent les uns aux autres ».

facile de citer dans des circonstances analogues des considérants semblables. Les rédacteurs des ordonnances vont parfois jusqu'à chercher des arguments imprévus en faveur de leurs décisions. Passe encore si l'établissement d'un corps de barbiers, baigneurs-étuvistes et perruquiers s'appuie en 1673 sur ce que « l'usage de faire le poil et de tenir des bains et étuves est autant utile à la santé que pour l'ornement et la bienséance » ; mais que dire de l'ordonnance de 1706, qui prescrit la marque des perruques, en attestant que « l'usage des perruques étant devenu très commun, ne contribue pas moins à l'ornement de l'homme qu'à sa santé (1) » ? On a un tel désir de justifier ses actes, qu'on préfère les expliquer par des arguments sans valeur que de n'en donner aucun.

Pour tous les établissements nouveaux, on trouve des arguments spécieux. Lorsqu'on crée la Banque générale de Law, c'est pour procurer aux Français des avantages semblables à ceux que les banques publiques avaient apportés à plusieurs États de l'Europe. Si l'on fonde une loterie royale, c'est pour l'utilité qui en reviendra au royaume, pour empêcher les sujets de porter leurs fonds dans les pays étrangers, pour augmenter la confiance publique, soulager et satisfaire les rentiers (2). L'agiotage à la Bourse est proscrit en 1786, pour faire cesser « un désordre aussi nuisible au commerce, dont il détourne les fonds, qu'aux négociants honnêtes, dont il trouble les combinaisons ».

VI

LES FINANCES ET L'ADMINISTRATION.

On n'invoquera pas seulement l'utilité, mais la nécessité, pour motiver les lois de finances. « Les finances, dit Louis XII

(1) On établit le monopole du commerce des huîtres à Paris en 1691, « parce qu'il en manque souvent à Paris, faute de personnes qui prennent soin d'y en faire voiturer ».

(2) Édits de 1705, 1716, 1739, 1776.

en 1507, sont les « nerfs et la force de nos pays et chose publique. » Au XIVe siècle, c'est la guerre qui est la cause principale des nouveaux impôts. Il faut en couvrir « les très grandes et innumérables mises et dépenses; il faut pourvoir à la substantation et défense du royaume ». Surtout lorsque la lutte se prolonge, lorsque l'honneur national se trouve engagé, il importe que les sacrifices soient plus grands et qu'un appel plus direct soit fait, comme le dit un édit, « au zèle et à l'amour des sujets ». Écoutez le langage que tient, en 1710, Louis XIV, lorsqu'il prescrit la levée du dixième : « L'intérêt, dit-il, de ceux qui veulent perpétuer la guerre et rendre la paix impossible, a prévalu dans les conseils des princes et États, nos ennemis... Dans cette situation, nous ne pouvons plus douter que nos soins pour procurer la paix ne servent qu'à l'éloigner, et que nous n'avons plus de moyens pour y porter nos ennemis que celui de faire véritablement la guerre; mais qu'avant de prendre cette dernière résolution, il était du bien de nos sujets de faire examiner et de nous faire proposer tous les moyens auxquels nous pourrions avoir recours; et après que les avis des personnes qui ont une connaissance plus parfaite de l'état de nos finances et de la véritable situation du peuple de notre royaume ont été examinés en notre Conseil, nous n'en avons pas trouvé de plus juste et de plus convenable que celui de demander à nos sujets le dixième du revenu de leurs biens ».

Cet impôt du dixième, on le demandera encore, en 1741, au début de la guerre dite de la Succession d'Autriche, en faisant valoir qu' « il n'y en a pas de plus juste et de moins arbitraire, parce qu'il se répartit sur tous les sujets, relativement à leurs biens et à leurs facultés ». On trouve toujours des raisons valables pour demander de nouveaux sacrifices aux contribuables; parfois même allège-t-on certains impôts pour en augmenter d'autres, et l'abbé Terray, sous Louis XV, aura soin de dire que les droits qu'il proroge et qu'il crée sont « à la diminution des impositions les plus onéreuses à la partie indigente des sujets : « Objet essentiel, fait-il dire au roi, que nous portons dans notre cœur et que nous ne cesserons jamais de regarder comme un de nos devoirs les plus indispensables (1) ».

Cette tendance à dissimuler sous une apparence édulcorée l'amertume des sacrifices demandés était signalée et blâmée quelques années plus tard par Turgot, lorsqu'il faisait dire à Louis XVI : « Il n'est arrivé que trop souvent, dans les besoins de l'État, qu'on ait cherché à décorer les impôts... par quelque prétexte d'utilité publique. Cette forme, à laquelle les rois nos prédécesseurs se sont quelquefois crus obligés de descendre, a toujours rendu plus onéreux les impôts dont elle avait accompagné la naissance (2). »

Les rois se sont aussi gardés de passer sous silence leurs efforts pour diminuer les impôts ou du moins pour en alléger le poids. Rien de plus propre à leur concilier l'opinion publique que de faire valoir « le désir et affection qu'ils ont toujours eu et qu'ils ont au soulagement de leurs sujets » ; que de mettre en relief les mesures qu'ils prennent pour réduire les tailles et pour supprimer « les abus et les exactions » qui tournent à la foule, surcharge et oppression de leur pauvre peuple... (3) ». « Ce qui n'est chose condécente », dit François Ier en 1517. Afin de répartir la charge de l'impôt sur tous, Louis XI veut faire payer en Languedoc la taille aux gens d'église, aux nobles et aux autres privilégiés, parce que « ses pauvres sujets sont contraints, à « leur grande charge, foule et destruction », de payer ce que les autres payaient auparavant ».

(1) Édit de 1771, portant prorogation des deux dixièmes et établissant d'autres droits.

(2) Déclaration de février 1776, portant suppression de la caisse de Poissy.

(3) Ord. 1508, 1583. — Bibl. nationale, fr. 25718. — Ord. 1504, 1507, 1509.

D'autres rois se contenteront de poursuivre les usurpateurs de titres de noblesse, qui font retomber sur les rentiers la part de contributions dont ils s'exemptent frauduleusement.

A diverses reprises, pour donner satisfaction aux plaintes des peuples qui gémissent de l'excès des impôts, le pouvoir s'en prend à ceux qui sont chargés de les percevoir, s'efforçant d'établir un contrôle exact sur leurs comptes (1), poursuivant leurs exactions, stigmatisant leur « avarice et cupidité », voulant mettre des bornes à leur luxe, leur faisant faire leur procès et les frappant de fortes amendes. Si Louis XIV agit ainsi en 1661, c'est « tant pour satisfaire à la justice, dit-il, que pour marquer à nos peuples combien nous avons en horreur ceux qui ont exercé sur eux tant d'injustice et de violence ». Cette vertueuse indignation éclate aussi dans le préambule de l'édit qui établit une chambre de justice, en 1716. « Les fortunes immenses et précipitées, dit-il, de ceux qui se sont enrichis par des voies criminelles, l'excès de leur luxe et de leur faste, qui semblent insulter à la misère de la plupart de nos autres sujets, sont déjà par avance une preuve de leurs malversations, et il n'est pas surprenant qu'ils dissipent avec profusion ce qu'ils ont acquis avec injustice. Les richesses qu'ils possèdent sont les dépouilles de nos provinces, la substance de nos peuples et le patrimoine de l'État; bien qu'ils soient devenus légitimes propriétaires, ces manières de s'enrichir sont autant de crimes que les lois et les ordonnances ont tâché de réprimer dans tous les temps. »

Ces paroles, dignes d'un censeur romain ou d'un avocat général du temps des Parlements, allaient bientôt faire place au langage d'un philosophe désabusé ou d'un politique prudent. La Chambre de justice, après avoir fait rendre gorge à de nombreux traitants, fut supprimée un an après avoir été

(1) Voir un édit de 1690, augmentant le nombre des officiers de la Chambre des comptes de Paris, pour hâter la reddition de certains comptes, dont quelques-uns étaient en souffrance depuis trente ans.

instituée. « Plus nous avons voulu approfondir la cause et le progrès des abus, dit le régent, plus nous en avons reconnu que la corruption s'était tellement répandue que presque toutes les conditions en avaient été infectées; en sorte qu'on ne pouvait employer la plus juste sévérité pour punir un si grand nombre de coupables sans causer une interruption dangereuse dans le commerce et une espèce d'ébranlement général dans tout le corps de l'État. Et comme son intérêt est une loi suprême à laquelle nous devons faire céder toutes les autres, nous avons estimé qu'il était à propos de modérer la rigueur de notre justice (1). » C'était proclamer la supériorité de l'intérêt ou du salut public sur la justice elle-même.

La justice, qui peut paraître en contradiction avec l'utilité, se trouve aussi fréquemment d'accord avec elle. Charles VI désire, en 1388, « le bien, la justice et l'utilité de la chose publique ». C'est le même esprit qui doit inspirer le gouvernement lui-même, ce gouvernement qu'au commencement du xve siècle, pour nous servir d'une expression usitée de nos jours, l'Europe nous enviait. « De plusieurs autres royaumes, pays, seigneuries et contrées sont venus gens et messages notables, dit une ordonnance de 1407, pour voir, enquérir et savoir la forme et manière du gouvernement du nôtre, pour y prendre exemple et eux régler... »

Combien il était cependant difficile à cette époque de ramener à des règles fixes l'administration royale dans les villes et les provinces! Les lois générales venaient se heurter aux privilèges locaux, aux droits des grands feudataires et des seigneurs. Au xve siècle, des institutions municipales furent octroyées à bon nombre de villes, tantôt « pour donner courage et vouloir aux habitants de bien en mieux eux gouverner »; tantôt pour permettre à une localité de remédier à sa pauvreté; tantôt pour lui permettre de se relever des charges et des dommages qu'elle a subis pendant la guerre; tantôt

(1) Édit de 1717.

« pour le bien, décoration, entretement et augmentation des bonnes villes et cités ». A mesure que l'on avance vers les temps modernes, l'État s'ingère de plus en plus dans l'administration des villes. En 1555, il institue des surintendants de la gestion de leurs deniers, afin de veiller à ce que le maniement des affaires publiques soit fait par ceux qui en ont la charge, « avec tel soin et devoir, probité, loyauté et diligence qu'il est requis et nécessaire ». On invoque l'intérêt public pour restreindre comme pour étendre les libertés locales. Quand Louis XIV voudra, dans un but fiscal, substituer des maires à titre d'office aux maires élus, c'est parce que ceux-ci, « pour ménager les particuliers auxquels ils étaient redevables de leurs emplois et ceux qu'ils prévoyaient devoir leur succéder, avaient surchargé les autres habitants, et surtout ceux qui leur avaient refusé leurs suffrages ». Lorsqu'il supprima l'élection des échevins, c'est parce que ceux-ci, qui devaient souvent leur emploi aux intrigues et aux cabales, n'avaient qu'un temps très modique à demeurer en charge, et par conséquent ne « pouvaient prendre qu'une légère connaissance des affaires des villes ». C'est à l'opinion des administrés que le pouvoir royal, plus habile que sincère, s'adressait ainsi, en cherchant à leur persuader qu'il restreignait dans leur seul intérêt leurs droits et leurs libertés.

Paris attire surtout la sollicitude, même « l'affection singulière (1) » des rois, qui, selon les circonstances, flattent ou modèrent le peuple de cette grande ville. Charles VII en fait l'éloge comme Henri VI, qui pendant la domination anglaise emprunte aux rois de France le style de leur chancellerie. Il compare Paris, en 1431, à Corinthe et à Rome. Si Charles VI met les pavés à la charge des propriétaires riverains, c'est pour « obvier à la turpitude et à la dédécoration qui pourraient être au préjudice de la chose publique ». Des motifs analogues, tirés du désir de pourvoir à la salubrité et à la

(1) Édit de décembre 1672.

sûreté, inspirent de nombreuses ordonnances sur la voirie. Beaucoup d'autres sont prises pour assurer la subsistance des habitants. Dans son intérêt même, on veut limiter l'étendue de Paris. Henri II défend de bâtir dans les faubourgs, non seulement pour empêcher la dépopulation des campagnes, mais parce que « le désordre, qui résulterait de l'accroissement de la ville par l'affluence de gens mal vivants et l'enchérissement des denrées, pourrait amener une telle confusion qu'il ne s'en suivit une ruine grande et irréparable ». Louis XIV parlera de même en 1671. Paris, dira-t-il, doit craindre le sort des plus puissantes villes, qui ont trouvé en elles-mêmes le principe de leur ruine, « étant difficile que l'ordre et la police se distribuent dans toutes les parties d'un si grand corps (1) ». Et Paris, à cette époque, ne contenait pas plus de 500.000 âmes !

Le désir d'embellir Paris se manifeste dans un certain nombre d'actes souverains. Même en confirmant les privilèges de l'Opéra, on rappelle que l'éclat, le goût et la pompe de son spectacle contribuent à l'embellissement de la bonne ville de Paris, ainsi qu'au soulagement des pauvres (2), sans doute par le prélèvement sur les recettes qui était fait en leur faveur. C'était une manière de légitimer les dépenses que l'Académie royale de musique occasionnait à l'État.

La protection accordée aux lettres et aux établissements d'instruction n'avait pas besoin de ces palliatifs. Sans remonter à Charlemagne, plus d'un prince s'honora, comme Charles V, par la sollicitude qu'il leur témoigna ; plus d'un prince, comme nous l'avons vu plus haut, se fit gloire de les susciter. En instituant une université à Angoulême en 1516,

(1) Louis XIV crée un lieutenant de police à Paris en 1667. « La ville de Paris, dit-il, étant la capitale du royaume et le lieu de notre séjour ordinaire... rien n'est plus digne de nos soins que d'y faire régner la police et la justice... »

(2) Lettres patentes de 1769.

François Ier déclarait « qu'entre toutes choses servant au gouvernement, entretement et augmentation du royaume, il était nécessairement requis avoir, nourrir, entretenir et privilégier gens clercs lettrés et savants, par révolution de livres, études et spirituels labeurs... » Les universités sont qualifiées de filles du roi, et les lettres patentes de 1719, qui accordent des fonds pour subvenir à l'instruction gratuite dans les collèges et les facultés de la capitale, s'appuient sur la volonté royale de traiter favorablement « notre très chère et très aimée fille, l'Université de notre bonne ville de Paris ». Louis XV fonde en 1748 l'Académie royale de chirurgie par le « désir de faire fleurir de plus en plus les sciences et les arts les plus utiles au public ».

En cherchant, en 1763, à réglementer les nouveaux collèges qui s'étaient substitués à ceux de l'ordre supprimé des jésuites, le roi rappelait que « les écoles publiques, destinées à l'éducation de la jeunesse dans les lettres et les bonnes mœurs, ont toujours été regardées comme un des fondements les plus solides de la durée et de la prospérité des États »; et entrant dans des détails historiques curieux, où l'on signalait l'influence du clergé « dans les siècles d'ignorance et de confusion », il ajoutait : « Un objet si important, (celui de l'instruction publique) n'a jamais échappé à l'attention de nos prédécesseurs ». Assertion trop absolue, mais qui montrait le besoin d'appuyer sur des précédents des mesures à certains égards nouvelles.

Ce besoin se manifeste fréquemment, notamment en invoquant l'expérience pour attester l'efficacité des mesures nouvelles qu'on édicte. Ainsi, lorsque l'ordonnance de 1666 établit des privilèges en faveur de ceux qui se marient de vingt à vingt-cinq ans, et des pères de familles qui ont dix ou douze enfants, ce n'est pas seulement dans le dessein « de relever les avantages du mariage..., ce lien sacré et politique », c'est aussi pour suivre l'exemple des anciens Romains et celui plus récent de la province de Bourgogne, qui exemptait de toute imposition ceux qui avaient dix enfants vivants.

VII

LA LIBERTÉ ET LA SOUVERAINETÉ.

Si les organes du pouvoir parlent fréquemment du bien et de l'intérêt publics, ils prononcent rarement le mot de liberté ; et s'ils l'emploient, c'est d'ordinaire dans le sens civil, plutôt que dans le sens politique. On a cité souvent le préambule de Louis Hutin, affranchissant les serfs du domaine royal, parce que « selon le droit de nature, chacun doit naistre franc ». Considérant, disait-il, que notre royaume est dit et nommé le royaume des francs et vaillans, et afin « que la chose en vérité soit accordant au nom ». Mais il est à remarquer que cette ordonnance a pour but de procurer de l'argent à l'État par le rachat des servitudes, et que l'affranchissement, proclamé en droit, est subordonné en fait au paiement d'une somme déterminée, formant « suffisante récompensation des émoluments que pouvaient rapporter les dites servitudes ». Il est souvent question dans les ordonnances de franchises et de libertés, accordées ou confirmées soit à des provinces, soit à des communautés ou associations ; mais ces franchises ou libertés ont plutôt le caractère de privilèges que de concessions de droit commun. Cependant le caractère légal des coutumes provinciales est souvent reconnu par le pouvoir central, et Louis XIV parle en 1667 de la liberté qu'il a laissée à ses peuples de vivre chacun dans leurs provinces, d'après les lois qu'un ancien usage y avait établies.

De liberté publique il est rarement question au XVIIIe siècle où je remarque seulement que Louis XIV supprime les capitaineries des chasses parce qu'elles sont « contraires à la liberté publique (1) ». Les doctrines ne sont pas toujours

(1) Déclaration de 1699.

d'accord avec elles-mêmes, comme le prouve un édit de 1771, concernant les Corses. « C'est dans une soumission bien ordonnée que les Corses trouveront la liberté, au fantôme de laquelle ils ont fait depuis quarante ans de si grands, d'inutiles sacrifices. » Et l'édit en même temps « rétablit les communeautés dans le droit si naturel, si précieux d'élire elles-mêmes leurs administrateurs et leurs chefs ». L'autorité royale laissa subsister, sans toujours les reconnaître formellement, les assemblées d'habitants dans les villages et les bourgs et la plupart des associations communales et industrielles que la conformité des intérêts avait fait naître spontanément au moyen âge.

L'esclavage, dont on trouve encore des exemples en Provence au XIVe siècle, était proscrit en principe depuis le douzième siècle. La sollicitude du pouvoir s'étendit même aux classes déshéritées et suspectes. Charles VI exemptait, en 1389, les filles de joie de Toulon de porter certains chaperons blancs, « désirant, disait-il, tenir en franchise et liberté les habitants demorans dans le royaume ». Un intendant de Louis XIV, rédigeant un projet de déclaration par l'affranchissement dès cagots, rappelait que « la liberté avait toujours été l'apanage du royaume et un des principaux avantages des sujets (1) ».

Les sujets jouissaient en effet de libertés qu'on tolérait plutôt qu'on ne proclamait et qui étaient d'autant plus réelles, que l'État n'intervenait pas pour les définir. Elles sont pour ainsi dire de droit commun et naturel, et la loi semble les reconnaître en les passant sous silence. Souvent aussi le pouvoir central les entrave, notamment pour réglementer les conditions du travail, tantôt en faveur des maîtres, tantôt en faveur des ouvriers. Une ordonnance de 1383 fixe le prix et la durée des journées des ouvriers, parcequ'ils abusent, fraudent et déçoivent les bonnes gens auxquels ils ouvrent...» L'État intervient dans les grèves, quelquefois en faveur des compa-

(1) V. de Rochas, *Les parias de France et d'Espagne*, p. 52.

gnons, plus souvent contre eux, pour faire cesser, comme on le dit en 1541, « les desbaux, dissentions et monopole, et pour y obvier à l'advenir ». Le caractère restrictif des règlements des corporations, dans lesquels s'ingère l'administration, était reconnu par Turgot, lorsqu'obtenant du roi la suppression des jurandes, il lui faisait dire : « Nous avons vu avec peine les atteintes multipliées qu'ont données au droit naturel et commun des institutions, que ni le temps, ni l'opinion, ni les actes même de l'autorité qui semble les avoir consacrées, n'ont pu justifier. » Et Louis XVI disait en même temps : « Nous devons à tous nos sujets de leur assurer la jouissance pleine et entière de leurs droits. »

C'était là un langage nouveau, révolutionnaire à certains égards, non seulement parce qu'il reconnaissait aux sujets des droits dont on ne fixait pas la limite, mais parce qu'au lieu de s'appuyer sur les précédents il les répudiait. Les rédacteurs des préambules des ordonnances s'étaient presque toujours préoccupés d'en concilier les termes avec ceux des ordonnances antérieures. La perpétuité est un des caractères de la loi ; elle s'appuie d'ordinaire sur le passé pour s'adresser, comme le disent les formules, « à tous présents et à venir (1) ». Même en reconnaissant des droits plus civils que politiques à ses sujets, le roi n'avait pas l'intention de partager avec eux la souveraineté qu'il exerçait par la grâce de Dieu.

Mais cette souveraineté n'avait jamais été si complète qu'il lui eût suffi de s'affirmer pour se faire admettre. Lorsque la monarchie, triomphante des résistances des parlements, des seigneurs et des religionnaires, avait proclamé la théorie du pouvoir absolu, elle s'était efforcée d'en justifier les principes par les effets. « Cette autorité absolue, disait Louis XIII en 1641, porte les états au plus haut point de leur gloire, et lorsqu'elle se trouve affaiblie, on les voit en

(1) *Notum facimus universis præsentibus et futuris... ad perpetuam firmitatem.* (XIIe siècle) (Giry, p. 548.)

peu de temps déchoir de leur dignité... » Et il rappelait les souvenirs de la Ligue, les usurpations des parlements, la sagesse énergique de Henri IV, et montrait la France reprenant sa première vigueur par le raffermissement de l'autorité royale. Et deux ans après, l'édit, réglant la régence du royaume, justifiait le pouvoir absolu du souverain par les bienfaits de l'unité. « La France a bien fait connaître, dit le préambule de cet édit, qu'elle est invincible lorsque ses forces sont bien unies, et que comme sa ruine ne peut naître que de sa division, sa grandeur et sa puissance dépendent absolument de son union et de sa concorde (1). »

Il est naturel que la souveraineté sans limites s'affirme dans un siècle où des philosophes, comme Hobbes et Spinosa, en partant de principes différents, aboutiront à la théorie de l'absolutisme de l'État. La conservation de l'État devient le but à proposer à tous. Qu'on écoute le langage tenu au nom de Louis XIII, en 1617, aux notables assemblés à Rouen : « Il ne se trouvera aucun de nos sujets, dit-il, qui, considérant ce qu'il doit à sa patrie, et que son salut particulier est enclos dans le public, ne se range volontairement à ce qu'il jugera lui-même nécessaire à la conservation de l'État ». Aussi justifie-t-on par la raison d'État les mesures arbitraires que la politique impose. La déclaration royale qui fait connaître, en 1616, l'arrestation du prince de Condé, contient cette phrase : « C'est avec un regret incroyable qu'il faille que si souvent nous employions notre autorité pour réprimer les malheureux desseins de ceux qui cherchent en la ruine de notre État l'advancement de leur fortune ». Avec plus de raison, en supprimant, en 1643, les charges de connétable et de colonel général de l'infanterie, on déclare que l'expérience a montré qu'ils pouvaient causer plus de préju-

(1) « La manutention de notre autorité, disait Henri IV en 1589, consiste en l'unité de la monarchie dont dépend la tranquillité et conservation publiques. »

dice que d'avantages à l'État, parce qu'elles donnaient à leurs titulaires une autorité telle qu'elle leur avait parfois permis « d'employer les forces du royaume pour leur intérêt contre leur devoir, au grand dommage de l'État (1) ».

L'État, c'est à ce pouvoir impersonnel et souverain que le roi lui-même se subordonne et s'identifie. « Notre couronne n'est à nous, dit un édit de 1717, que pour le bien et le salut de l'État. » Mais le prince reste juge de ce qui constitue ce bien et ce salut, lorsqu'une déclaration de 1732 fait dire à Louis XV : « Si nous sommes disposés à recevoir favorablement des représentations des officiers de notre Parlement, ils doivent de leur part être toujours prêts à faire céder leurs sentiments particuliers aux vues générales et supérieures qui nous font juger ce qui convient le mieux au bien de notre État. »

S'agit-il de la guerre, le roi conservera toujours le droit de la déclarer ou de la terminer par des traités, droit que Mirabeau voudra lui maintenir dans un de ses discours les plus solides et les plus éloquents ; mais il en expliquera toujours les motifs, dans des préambules souvent très développés. Il faut qu'aux yeux des peuples il en fasse valoir la justice et la raison ; il faut qu'il en démontre la nécessité pour légitimer les subsides qu'il demande. Tantôt il invoque son droit (2), tantôt les offenses qu'il a reçues, l'invasion imminente (3), les menaces, les préparatifs de l'ennemi, qui rendent la guerre inévitable. C'est ainsi que Louis XIV justifiera, en 1702, la guerre qu'il déclare à l'Empereur, à l'Angleterre et à la Hollande : « Ils ont commencé de toutes parts, écrit-il, des actes d'hostilité contre et au préjudice des traités... L'Europe entière est témoin de la modération de Sa Majesté.

(1) Archives nationales, O[1], fol. 186.

(2) François Ier justifie son départ pour l'Italie, en 1515, « par le vrai et juste droit que nous avons au duché de Milan, notre héritage... »

(3) Lettres de Charles VIII aux élus en 1491. Bibl. nat. fr., 25717.

Elle a vu attaquer des places, prendre des postes avantageux, arrêter des courriers, faire des prisonniers avant qu'il y eût aucune déclaration de guerre, dans le temps que Sa Majesté faisait agir ses ambassadeurs pour conserver la paix !... Aussi s'est-elle trouvée dans la nécessité, pour conserver ses propres États et ceux du roi son petit-fils, d'armer de sa part... et de déclarer la guerre. »

Dans le cours de la longue guerre qu'il soutient à l'occasion de la succession d'Espagne, Louis XIV fera plus d'une fois appel à son peuple, auquel il réclame des subsides nombreux. Il répète qu'il est obligé de soutenir une guerre excitée par la jalousie de ses voisins ; il déclare qu'il n'a jamais cessé et ne cesse point de désirer la paix. Au moment de la conclure, en 1713, il dit : « Les succès les plus heureux ne nous ont pas éblouis, et les événements contraires dont la main de Dieu s'est servie pour nous éprouver plutôt que pour nous perdre ont trouvé ce désir en nous et ne l'y ont pas fait naître... Enfin, après plusieurs négociations difficiles, Dieu, touché enfin des maux de tant de peuples, a daigné trouver un chemin pour parvenir à une paix si difficile. »

On peut citer aussi quelques passages des déclarations de guerre faites à l'Angleterre en 1744 et 1756. En 1744, on énumère les raisons qui ont enfin lassé la patience de Sa Majesté. « Elle ne pouvait les supporter plus longtemps, ajoute-t-on, sans manquer à la protection qu'elle doit à ses sujets, à ce qu'elle doit à ses alliés, à ce qu'elle doit à elle-même, à son honneur et à sa gloire. » En 1756, après un exposé détaillé des griefs de la France contre l'Angleterre, le manifeste s'adresse, non seulement à l'opinion des Français, mais à celle des peuples étrangers, en disant : « Le contraste frappant de la conduite des deux nations doit convaincre toute l'Europe des vues de jalousie, d'ambition et de cupidité qui animent l'une, et des principes d'honneur, de justice et de modération sur lesquels l'autre se conduit... » Et il ajoute : « En agissant d'après des principes si dignes de déterminer ses résolutions, Sa Majesté est assurée de trouver dans la justice de sa cause, dans la valeur de ses troupes, dans l'amour de ses sujets, les ressources qu'elle a toujours éprouvées de leur part, et elle compte sur la protection du Dieu des armées. »

Ainsi, c'est toujours à l'opinion, cette « maîtresse du monde », que le pouvoir s'adresse pour expliquer ses actes. On a dit que les lois n'étaient durables que si elles étaient assurées de l'assentiment général. Le pouvoir de faire des lois, disait saint Thomas d'Aquin, appartient à celui qui représente la multitude. Si à ce titre les rois étaient en possession de les établir, ils pouvaient aussi les modifier ou les abolir lorsque l'opinion se prononçait contre elles. Quelquefois même, il suffisait d'une résistance inerte de l'opinion pour qu'elles ne fussent pas appliquées ou tombassent en désuétude. Au moyen âge, le texte des ordonnances faisait « moins connaître la réalité des faits que l'idéal politique des rois ». Philippe le Hardi réédite jusqu'à sept fois des ordonnances que l'on n'observe pas (1). Même à des époques plus rapprochées, il faut chercher dans la loi la doctrine, l'intention, la volonté, plus encore que l'action et l'application. Certaines décisions de l'autorité souveraine n'étaient exécutées que d'une manière intermittente, incomplète ou éphémère ; dans quelques provinces éloignées, et dans certains cas, elles n'étaient pas enregistrées par les cours, elles n'étaient pas même appliquées par les intendants, et restaient à l'état de lettre morte (2).

Si l'initiative de l'opinion ne s'exerce d'ordinaire sur les lois que d'une manière latente, si elle n'est pas consultée directement, comme lors des convocations des États généraux, elle ne se reflète pas moins sur les exposés des motifs de ces lois. Les rois ne se laissent pas toujours diriger par

(1) Langlois, *Le règne de Philippe le Hardi*, p. 301.
(2) Voir *La province sous l'ancien régime*, t. II, p. 85.

elle ; ils la dirigent parfois, comme le fit Henri IV en promulguant l'édit de Nantes. Il est peu probable que cet acte d'apaisement eût été voté par la majorité de la population catholique ; mais Henri IV le fit accepter par l'opinion, qui reconnut la sagesse politique d'un édit destiné à mettre fin à de longues agitations civiles et religieuses. L'utilité des institutions en assure l'acceptation et le maintien, et les rois n'avaient pas besoin d'inscrire sur leurs actes la formule de la volonté nationale, comme on le fit sous Louis le Bègue et Louis XVI, parce qu'au fond elle présidait à leur avènement au pouvoir et au maintien de ce pouvoir, jusqu'au jour où, se déclarant contre lui, elle devait en amener fatalement la chute.

Les formules traditionnelles perdent leur raison d'être lorsqu'elles ne sont plus en rapport avec les faits, de même que les institutions deviennent caduques dès qu'elles cessent de rendre les services pour lesquels elles avaient été établies. Les appels au sentiment, à la gloire, au respect de Dieu et de l'autorité ne trouvent plus d'écho dans les âmes lorsque le gouvernement est devenu impuissant à sauvegarder la paix et à faire régner la justice, surtout lorsque d'autres mots, d'autres doctrines se font entendre, et que les hommes se laissent séduire par le prestige des droits dont on leur promet l'exercice et par la vue ou le mirage de la liberté et de l'égalité (1).

Le régime politique issu de ces nouveaux principes influa sur l'importance et le développement des préambules. Il eût semblé de prime abord que les motifs des lois dussent être exposés d'une manière plus explicite au peuple, dont la souveraineté avait été proclamée. Mais l'usage de s'adresser

(1) « Quand une fois, dit Bossuet, en parlant de la Révolution d'Angleterre, on a trouvé le moyen de prendre la multitude par l'appât de la liberté, elle suit en aveugle pourvu qu'elle en entende seulement le nom. »

directement à l'opinion perdit en grande partie sa raison d'être lorsque les lois furent discutées publiquement et votées par les délégués de la nation; il paraissait moins utile d'en faire connaître spécialement les motifs lorsqu'ils furent consignés dans les comptes rendus imprimés des débats législatifs; pendant la Révolution, les décrets des assemblées furent toutefois précédés de préambules, qui devinrent de moins en moins développés; ils furent souvent affichés dans les départements, comme certaines ordonnances l'avaient été dans le ressort des intendances; peu à peu cependant, la publicité officielle se restreignit; sauf pour les mesures fiscales et militaires, elle s'adressa aux administrateurs plutôt qu'aux administrés. Les chefs de l'État ne parlèrent directement au peuple que dans des circonstances exceptionnelles, aux époques de coups d'État, de guerres et de révolutions. Ainsi, lorsqu'au 18 brumaire, et dans des circonstances analogues, ils violent les droits des représentants de la nation, ils semblent demander à l'opinion publique d'absoudre leurs actes extra-légaux en les ratifiant. Des manifestes sont également publiés dans les moments de troubles, aux époques de déclarations de guerres, dont il importe de justifier les motifs, en même temps qu'on juge à propos de susciter l'élan patriotique. La démocratie représentative, avec ses ressorts multiples, ses délégations, ses discussions publiques, a moins besoin de faire connaître les motifs de ses actes que le gouvernement personnel d'un chef héréditaire ou élu, qui, en sa qualité de représentant de la nation, est plus réellement encore responsable envers elle que le régime parlementaire, où la responsabilité se divise au point d'être souvent nulle.

La démocratie moderne inscrit sur les édifices publics sa devise, résumée en trois mots, qui saisissent les esprits. L'ancienne monarchie n'avait pas, à proprement parler, de devise; mais ne pourrait-on considérer les préambules des ordonnances comme les pierres fondamentales sur lesquelles sont assises les lois, et qui semblent porter sur leur surface la formule des grands principes que professait le pouvoir? En les proclamant, celui-ci ne se préoccupait pas de faire connaître aux citoyens leurs droits, mais il affirmait ses devoirs envers eux, devoirs qu'il ne pratiquait pas toujours, mais que, pour mieux frapper l'opinion, il déclarait puiser aux sources les plus hautes : la religion, la gloire, l'affection, la justice et l'utilité publique.

Albert Babeau.

105

www.ingramcontent.com/pod-product-compliance
Ingram Content Group UK Ltd.
Pitfield, Milton Keynes, MK11 3LW, UK
UKHW021144230726
13926UKWH00002B/924

9 782016 111840